KB122354

졸업 작품 개발을 위한
안드로이드 실무 프로그래밍

이준형·김운용·최명복 共著

 21세기사

이 도서의 국립중앙도서관 출판예정도서목록(CIP)은 서지정보유통지원시스템 홈페이지(http://seoji.nl.go.kr)와 국가자료공동목록시스템(http://www.nl.go.kr/kolisnet)에서 이용하실 수 있습니다.(CIP제어번호: CIP2016019866)」

HEADER

최근 증강현실, 가상현실 등의 인기로 스마트 폰의 응용 분야에 대한 관심은 더욱 높아져가는 듯합니다. 기존의 전자메일, 다양한 업무, 게임 등은 물론 새로운 응용으로의 확장은 무궁무진 한 것 같습니다. 반면에 스마트폰을 이용한 응용을 개발하는 개발자 입장에서는 학습해야 될 분야가 더욱 많아지고 적응하기가 쉽지 않은 것 같습니다. 스마트폰이 진화하는 속도에 비례하여 개발자들은 그만큼 일이 많아지는 것 같습니다. 안드로이드를 이용한 개발 환경도 빠르고 너무나 자주 변하고 있어 적응하기가 쉽지 않은 것 같습니다. 개발 환경이 자주 변경되어 매번 새로운 버전을 새로 설치하고 적응하는데 많은 노력을 들여야 하는 것이 현실입니다.

스마트폰 개발 툴인 Android Studio는 많은 종류의 플랫폼과 API 레벨들을 포함하고 있습니다. 안드로이드 플랫폼은 API 레벨이 낮으면 최신의 모바일 디바이스와 최근의 기능을 지원하는 데는 한계가 있지만, 반면 많은 디바이스와 사용자들을 위한 서비스를 지원하는 특징이 있습니다. 따라서 본서에서는 최대한 많은 디바이스를 지원하고 많은 사용자들에게 유용한 API 레벨을 정해서 프로젝트 개발 환경을 설정하였습니다. 특정 개발환경에 필요한 버전의 설치는 본 교재에서 자세히 설명해 놓았습니다.

한편, 안드로이드 스튜디오를 처음 접하는 사용자는 기존의 다른 툴에 비해 에러를 쉽게 찾을 수 있는 환경은 아닌 것 같습니다. 특히, 처음 프로젝트를 만들 독자들에겐 데이터베이스나 웹 프로그래밍 언어 등을 같이 사용해서 실행할 때 에러를 찾는 시간이 많이 걸리는 것 같습니다. 그래서 본서에서는 응용 프로젝트를 제작하는 데에 에러를 발생시킬 수 있는 코딩을 피하고 간단하고 재사용이 가능한 방법을 사용하였습니다. 또한 교재에서 작성한 프로젝트는 가능하면 코드를 복잡하지 않고 최대한 간단하게 작성하였습니다. 앞서 개발에 사용된 코드를 다른 장에서도 쉽게 파악될 수 있도록 유사한 코딩 스타일을 유지하려고 하였습니다.

이 교재는 대학 졸업을 앞둔 학생들이 졸업 작품을 만드는데 필요한 기초도서가 될 수 있을 것 같습니다. 많은 응용 분야를 다루지는 못했지만, 이미지나 영상에 관련된 처리를

하고자 할 때 필요한 여러 툴을 함께 이용하는 방법에 중점을 두어 설명하였습니다.

이 책이 나오기까지 정성을 다해 편집하고 출판해주신 출판사 관계자 분들께 감사를 드립니다. 좋은 책이 되도록 많은 도움을 주신 강원도립대학 김 운용교수님과 원주대학교의 최 명복 교수님께 깊은 감사를 드립니다.

2016년
저자 씀

CONTENTS

CHAPTER 01

안드로이드(Android) 시작하기

ANDROID

안드로이드 시작하기

이번 장에서는 안드로이드를 실행하는데 필요한 환경을 설정해보고 간단한 실행을 해본다. 먼저, 안드로이드 스튜디오(Android Studio)를 설치해보고 실행해 본다. AVD(Android Virtual Device) 설정에 관련된 내용을 알아본다.

1.1 안드로이드 스튜디오(Android Studio) 설치하기

안드로이드 스튜디오 버전이 계속해서 업데이트 되고 있지만 여러 응용분야를 실습하기에 적합한 버전은 1.3 버전인 것 같다. 따라서, 본 교재에서는 이 버전위주로 실습하기로 한다. 1.3 버전을 설치해 보기 위해, 〈그림 1〉과 같이 주소 창에 "http://tools.android.com/download/studio"라고 입력하여 실행시킨다.

〈그림 1〉

〈그림 2〉와 같이 아래쪽에 표시한 "Stable"을 클릭한다.

〈그림 2〉

〈그림 3〉과 같이 "1.3(July 29th, 2015)"을 클릭한다.

〈그림 3〉

〈그림 4〉와 같이 (android-studio-bundle-141.2117773-windows.exe)을 다운받아 저장한다. (http://tools.android.com/download/studio/canary/1-3)에서 직접 다운 받을 수도 있다.

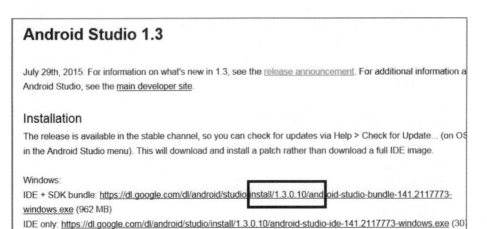

<그림 4>

가장 최근 버전의 안드로이드를 다운 받기 위해서는 〈그림 5〉와 같이 "http://developer.android.com/intl/ko/sdk/index.html" 사이트에서 다운받으면 된다. 그러나, 이 책에서는 버전 1.3을 기준으로 설명하고 있으며 반드시 1.3 버전을 설치해야 실습에 문제가 없다 (〈그림 5〉는 참고만 하길 바란다).

<그림 5>

앞서 〈그림 4〉에서 다운 받았던 (android-studio-bundle-141.2117773-wind ows.exe)을 〈그림 6〉과 같이 더블 클릭하여 실행시킨다.

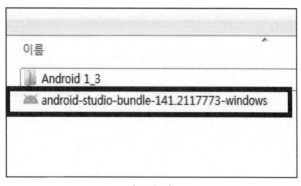

〈그림 6〉

이어서, 〈그림 7〉과 같이 "실행" 버튼을 클릭한다.

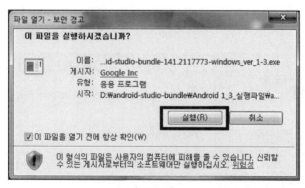

〈그림 7〉

다른 버전의 Android가 이미 설치되어 있다면 〈그림 8〉과 같이 나타날 것이다. 이전 버전을 삭제하려면 "Next" 버튼을 클릭하고 삭제하지 않으려면 체크표시를 클릭하여 선택을 해제한 후 "Next" 버튼을 클릭한다. 만약, 이전 버전이 설치되어 있지 않고 처음 설치하는 경우는 〈그림 9〉에서 부터 수행하면 된다. 이 교재에서는 체크표시를 클릭하여 해제하고 진행하는 것으로 한다.

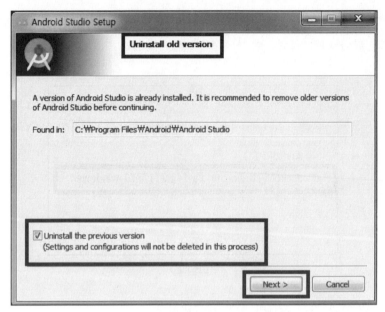

〈그림 8〉

〈그림 9〉와 같이 "Next" 버튼을 클릭한다.

〈그림 9〉

〈그림 10〉과 같이 "Next" 버튼을 클릭한다.

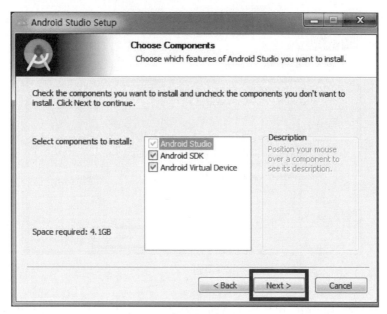

〈그림 10〉

〈그림 11〉과 같이 "I Agree" 버튼을 클릭한다.

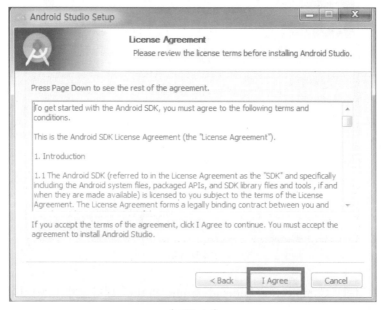

〈그림 11〉

〈그림 12〉와 같이 "Next" 버튼을 클릭한다.

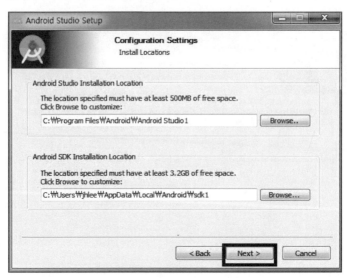

〈그림 12〉

〈그림 13〉과 같이 "Install" 버튼을 클릭한다(만약 "Install" 버튼이 클릭되면 취소가 되지 않음으로 주의하길 바란다).

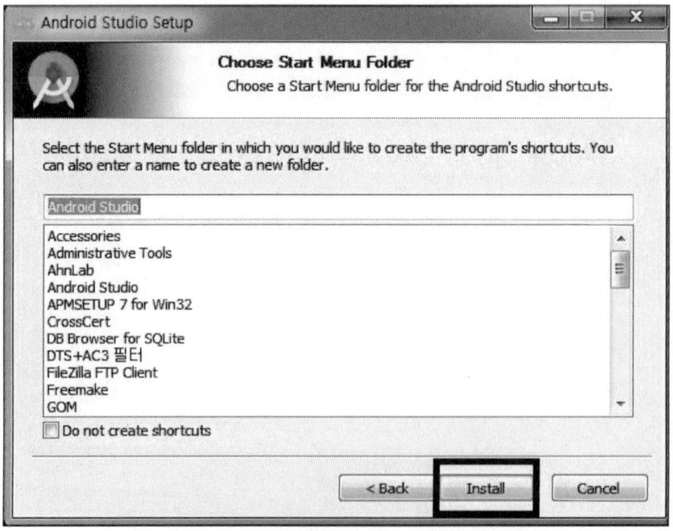

〈그림 13〉

설치가 완료되면, "Completing Android Studio Setup" 대화상자가 뜰 것이다. "Finish" 버튼을 클릭하여 설치를 완료한다. 이것으로 설치를 마친다.

1.2 실행하기

"윈도우 시작"메뉴를 클릭한 다음, 〈그림 14〉와 같이 "Android Studio"프로그램을 클릭하여 실행시킨다.

〈그림 14〉

〈그림 15〉와 같이 "Start a new Android Studio project"를 더블 클릭한다.

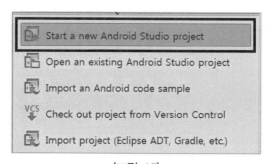

〈그림 15〉

〈그림 16〉과 같이 "Application Name"란에 "My Application1"이라고 입력 한 다음, "Next" 버튼을 클릭한다.

〈그림 16〉

〈그림 17〉과 같이 "API 15: Android 4.0.3(IceCreamSand wich)"를 선택 한 다음 "Next" 버튼을 클릭한다.

〈그림 17〉

〈그림 18〉과 같이 "Blank Activity"를 선택한 다음, "Next" 버튼을 클릭한다.

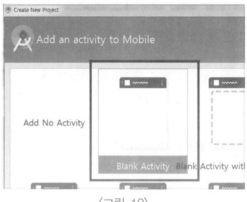

〈그림 18〉

이어서, "Finish" 버튼을 클릭하고 "Close" 버튼을 포함하는 대화상자가 나타나면 그 버튼을 클릭한다. 〈그림 19〉와 같이 "Project", "Android", "res", "layout"을 차례로 클릭 한 다음, "activity_main.xml"을 더블 클릭한다.

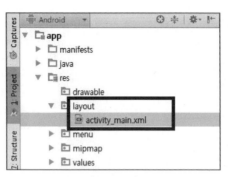

〈그림 19〉

〈그림 20〉과 같이 삼각형 모양의 실행아이콘을 클릭하여 응용을 실행시킨다. 정상적으로 실행된다면, 〈그림 27〉부터 실습하면 된다. 에러가 발생되면 〈그림 21〉부터 실습한다.

〈그림 20〉

설치되는 컴퓨터의 여러 환경에 따라서는 〈그림 21〉과 같은 에러가 발생하는 경우도 있다.

〈그림 21〉

이러한 에러를 수정하기 위해 〈그림 22〉와 같이 원으로 표시한 삼각형 모양의 아이콘을 클릭한다.

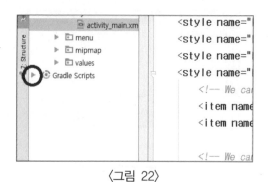

〈그림 22〉

〈그림 23〉과 같이 두 번째 build.gradle(Module: app)를 더블 클릭한다.

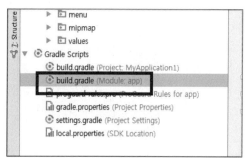

〈그림 23〉

〈그림 24〉와 같이 "dependencies" 부분의 내용을 수정한다.

```
                                minifyEnabled false
                                proguardFiles getDefaultProguardFile('proguard-andr
                }
        }
}

dependencies {
        compile fileTree(dir: 'libs', include: ['*.jar'])
        //compile 'com.android.support:appcompat-v7:24.0.0-alpha1'
        compile 'com.android.support:appcompat-v7:22.+'
}
```

〈그림 24〉

수정된 부분은 아래와 같다.

```
dependencies {
  compile fileTree(dir: 'libs', include: ['*.jar'])           // 변경 안함
  //compile 'com.android.support:appcompat-v7:24.0.0-alpha1' // 주석처리
  compile 'com.android.support:appcompat-v7:22.+'            // 새로 추가
}
```

앞의 과정을 통해 〈그림 25〉와 같이 "dependencies" 부분의 내용과 위쪽에 있는 "compileSdkVersion 22"의 버전을 일치시켜주는 작업을 한 것이다.

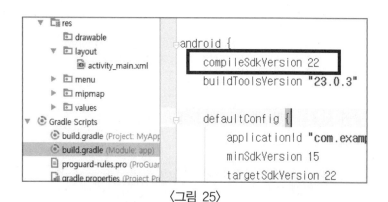

〈그림 25〉

〈그림 26〉과 같이 응용을 실행시킨다.

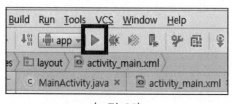

〈그림 26〉

〈그림 27〉과 같이 "Launch emulator" 버튼을 클릭한 다음, "Android virtual device:" 선택상자 에서 "3.2 HVGA slider(ADP1) API 19"를 선택하고 OK를 클릭한다. 만약 에러 가 발생되어 〈그림 27〉과 같은 창이 나타나지 않으면, 1.5절(AVD 설정하기)부터 실습하면 된다(프로그램 설치 후 처음 실행하는 경우, 1.5절부터 실습한 다음, 실행하면 된다).

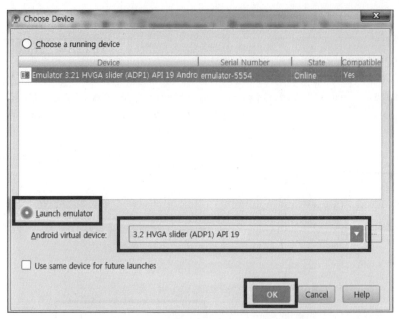

〈그림 27〉

〈그림 28〉과 같이 실행결과가 나타나면, 잠금을 해제시킨다.

〈그림 28〉

실행된 최종 결과는 〈그림 29〉와 같다.

〈그림 29〉

이상으로 실행하기를 마친다.

1.3 AVD(Android Virtual Device) 설정하기

〈그림 30〉과 같이 "AVD Manger"를 클릭한다.

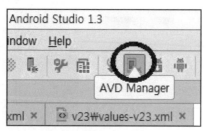

〈그림 30〉

〈그림 31〉과 같이 "Create a virtual device"를 클릭한다.

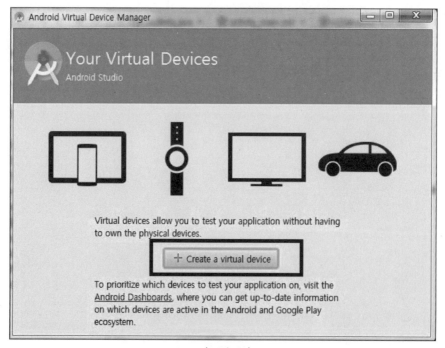

〈그림 31〉

〈그림 32〉와 같이 "Phone", "3.2" HVGA Slider(ADP1)", "Next" 버튼을 차례로 클릭한다.

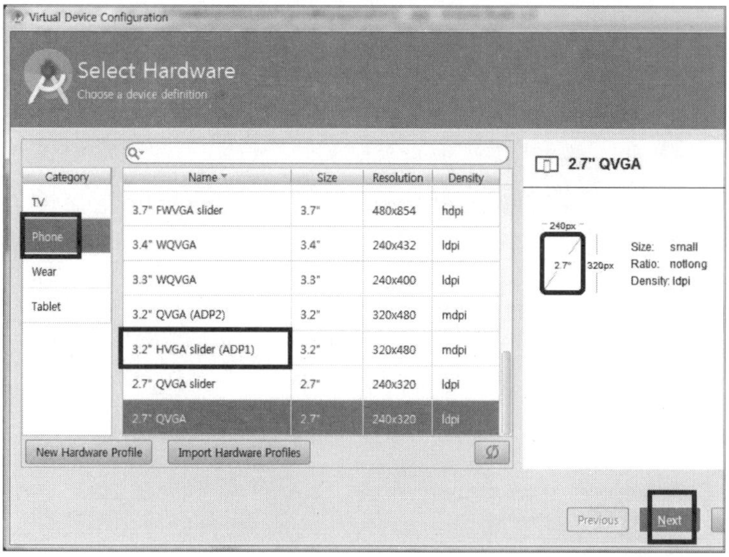

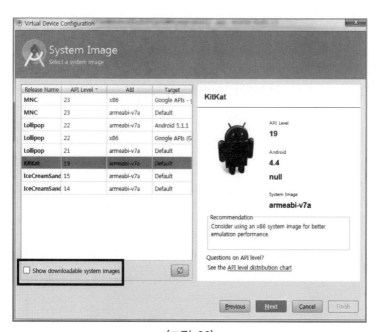

〈그림 32〉

〈그림 33〉과 같이 "Show downloadable system image"를 클릭하여 체크상태가 나타나게 한다.

〈그림 33〉

〈그림 34〉와 같이 "KiKat Download 19 armeabi-v7a" 버전의 <u>Download</u> 위치를 클릭한다. 만약 이 버전이 이미 설치된 경우에는 Download 표시가 안 나타날 것이다. 그런 경우 〈그림 36〉부터 수행하면 된다.

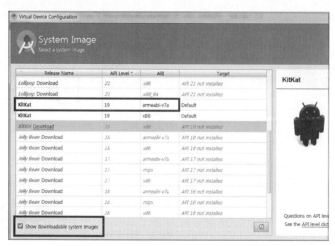

〈그림 34〉

〈그림 35〉와 같이 설치가 완료되면 "Finish" 버튼을 클릭한다.

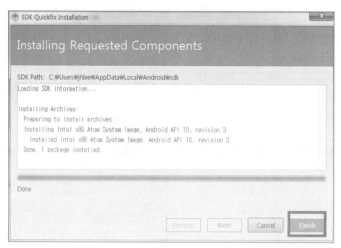

〈그림 35〉

〈그림 36〉과 같이 "KiKat 19 armeabi-v7a", "Next" 버튼을 차례로 클릭한다.

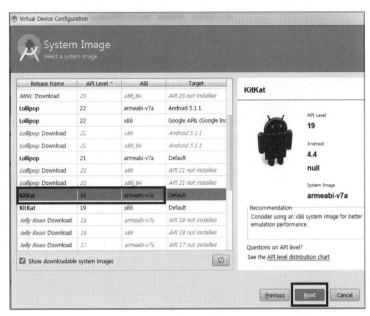

〈그림 36〉

〈그림 37〉과 같이 "3.2" HVGA slider (ADP1) API 19"를 "3.2 HVGA slider (ADP1) API 19"로 변경한다(3.2"에서 "를 제거한다).

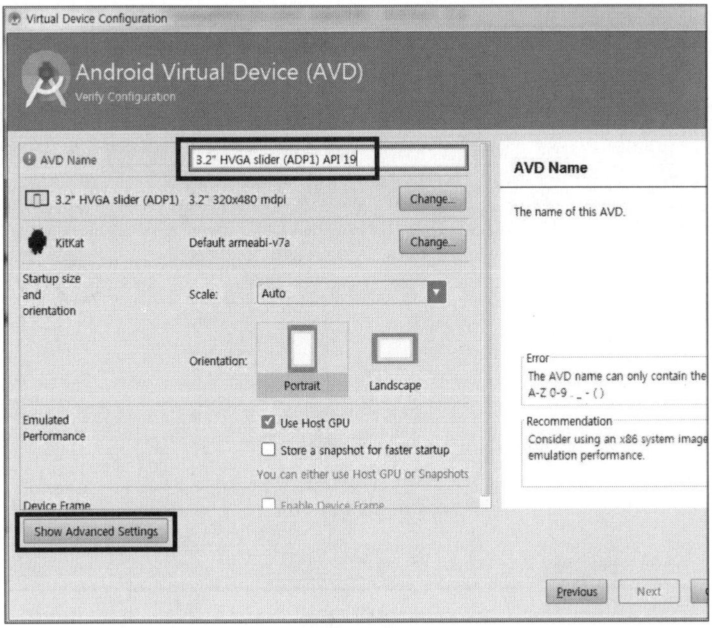

〈그림 37〉

〈그림 38〉과 같이 "Finish" 버튼을 클릭한다.

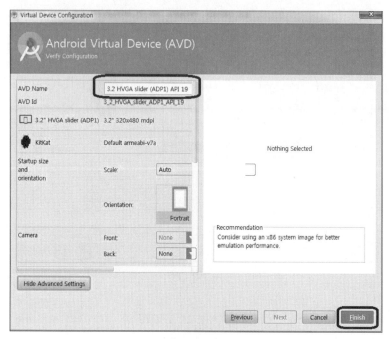

〈그림 38〉

〈그림 39〉와 같이 타원으로 표시한 실행 아이콘을 클릭한다.

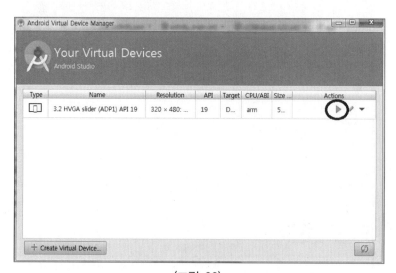

〈그림 39〉

〈그림 40〉와 같이 아래쪽에 있는 "OK" 버튼을 클릭한다.

〈그림 40〉

〈그림 41〉과 같이 중앙 하단에 있는 타원으로 표시한 위치를 클릭한다.

〈그림 41〉

〈그림 42〉와 같이 원으로 표시한 "My Application1"을 더블 클릭한다.

〈그림 42〉

실행결과는 〈그림 43〉과 같다.

〈그림 43〉

만약 〈그림 43〉과 같이 결과가 나타나지 않으면, 〈그림 44〉와 같이 실행아이콘을 클릭하여 다시 한 번 실행시킨다(반응 속도가 낮은 경우도 있다).

〈그림 44〉

〈그림 45〉과 같이 "Choose a running device"를 선택하고 "OK"버튼을 클릭한다. 실행결과는 앞의 〈그림 43〉과 같다.

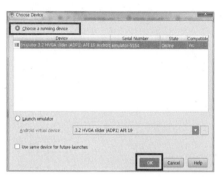

〈그림 45〉

이상으로 AVD 설정하기 실습을 마친다.

CHAPTER 02

서버의 이미지를
다운로드(download)하여
출력하기

서버의 이미지를 다운로드(download)하여 출력하기

이번 장에서는 서버의 이미지를 다운로드(download)하여 출력하는 방법을 알아본다. 먼저, 서버의 파일을 저장하고 있는 폴더에서 한 개의 이미지를 다운로드하여 스마트 폰 등에 출력하는 방법을 알아본다. 이어서, 서버의 여러 이미지 중에서 한 개의 이미지를 선택하여 다운로드하는 방법을 알아본다. 또한, 서버의 데이터베이스에 있는 이미지도 다운로드하여 출력하여 본다. 이때 사용할 데이터베이스는 MySQL 데이터베이스를 이용할 것이다. 스마트 폰에서 데이터베이스에 요청한 이미지는 PHP 웹 언어를 이용해 읽어 올 것이다.

2.1 서버의 이미지를 다운로드하여 출력하기

먼저, 다운받을 서버의 이미지를 준비하기 위해 〈그림 1〉과 같이 "C:\APM_Setup \htdocs" 아래에 file 이라는 폴더를 만든다.

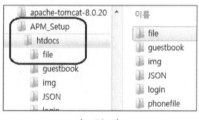

〈그림 1〉

다운받을 임의의 그림 파일을 찾은 다음, "a.jpg"이라고 이름을 변경한다. 이어서, "C:\APM_Setup\htdocs\file" 폴더 아래에 옮겨 놓는다. 최종 결과는 〈그림 2〉와 같다.

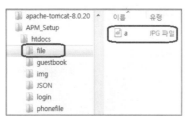

〈그림 2〉

안드로이드 스튜디오를 실행시킨다. 〈그림 3〉과 같이 "ImgDown"이라고 입력한 다음, "Next" 버튼을 3번 연속 클릭한다. 이어서, "Finish" 버튼을 클릭한다.

〈그림 3〉

〈그림 4〉와 같이 "activity_main.xml" 파일에 있는 "TextView"를 클릭한 다음, "Delete" 키를 눌러 삭제한다.

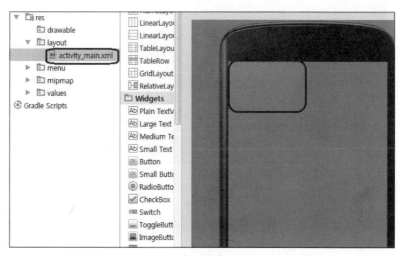

〈그림 4〉

〈그림 5〉와 같이 "ImageView"를 좌측 상단 쪽에 작성한다.

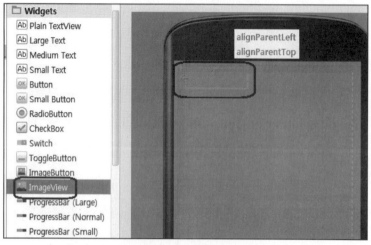

〈그림 5〉

〈그림 6〉과 같이 "minHeight"와 "minWidth"의 값을 각각 "300dp", "350dp"로 입력한다.

〈그림 6〉

〈그림 7〉과 같이 "MainActivity"를 더블 클릭 한 다음, 코드를 입력한다. 입력한 코드 중
〈String iUri = "http://xxx.xxx.xxx.xxx/file/";〉에서, xxx 부분은 자신의 고정 IP주소
를 직접 입력한다(예, 218.159.111.222).

```
public class MainActivity extends AppCompatActivity {

    ImageView iv1;
    String iUri = "http://xxx.xxx.xxx.xxx/file/";
    //xxx는 자신의 IP주소

    Bitmap img;
    //btask bt;

    @Override
    protected void onCreate(Bundle savedInstanceState)
        super.onCreate(savedInstanceState);
        setContentView(R.layout.activity_main);
    }
```

〈그림 7〉

입력된 코드는 다음과 같다.

```
ImageView iv1;
String iUri = "http://xxx.xxx.xxx.xxx/file/"; //xxx는 자신의 고정 IP주소
Bitmap img;
//btask bt; //현재는 주석처리 되었지만, btask를 작성 후 주석 해제할 것임.
```

바로 앞에서 작성한 "//btask bt;"부분의 "//"를 제거하여 주석을 해제하고 나머지 부분
을 〈그림 8〉과 같이 작성한다.

```
    Bitmap img;
    btask bt;

    @Override
    protected void onCreate(Bundle savedInstanceState) {
        super.onCreate(savedInstanceState);
        setContentView(R.layout.activity_main);

        bt = new btask();
        iv1 = (ImageView) findViewById(R.id.imageView);
        bt.execute(iUri + "a.jpg");

    }

    private class btask extends AsyncTask<String, Integer, Bitmap> {
        @Override

    }
```

〈그림 8〉

입력된 코드는 다음과 같다.

```
btask bt;   //주석 해제
@Override
protected void onCreate(Bundle savedInstanceState) { //자동 생성된 코드
super.onCreate(savedInstanceState); //자동 생성된 코드(직접 입력 안함)
setContentView(R.layout.activity_main); //자동 생성된 코드

bt = new btask();
iv1 = (ImageView) findViewById(R.id.imageView);
bt.execute(iUri + "a.jpg");
}
private class btask extends AsyncTask<String, Integer, Bitmap> {
@Override
}
```

〈그림 9〉와 같이 코드를 입력한다.

```
private class btask extends AsyncTask<String, Integer, Bitmap> {
    @Override
    protected Bitmap doInBackground(String... URI) {
        try{
            URL imgUri = new URL(URI[0]);
            HttpURLConnection con =
                    (HttpURLConnection)imgUri.openConnection();

            InputStream is = con.getInputStream();
            img = BitmapFactory.decodeStream(is);
        }catch(IOException e){
            e.printStackTrace();
        }
        return img;
    }
    protected void onPostExecute(Bitmap img){
        iv1.setImageBitmap(img);
    }
}
```

〈그림 9〉

입력된 코드는 다음과 같다.

```java
protected Bitmap doInBackground(String... URI) {
try{
    URL imgUri = new URL(URI[0]);
    HttpURLConnection con = (HttpURLConnection)imgUri.openConnection();
    InputStream is = con.getInputStream();
    img = BitmapFactory.decodeStream(is);
 }catch(IOException e){
    e.printStackTrace();
 }
    return img;
}
protected void onPostExecute(Bitmap img){
    iv1.setImageBitmap(img);
}
```

〈그림 10〉과 같이 "AndroidManifest.xml" 파일을 열어 코드를 추가한다.

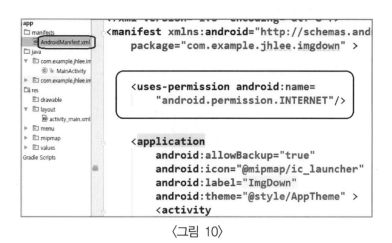

〈그림 10〉

입력된 코드는 다음과 같다.

```xml
<uses-permission android:name="android.permission.INTERNET"/>
```

〈그림 11〉과 같이 두 번째 "build.gradle"를 더블 클릭한다.

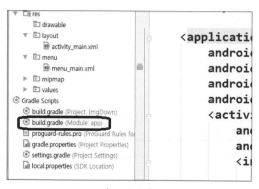

<그림 11>

<그림 12>와 같이 이전의 내용은 주석처리하고 수정된 내용으로 입력한다.

```
    buildTypes {
        release {
            minifyEnabled false
            proguardFiles getDefaultProguardFile('proguard-
        }
    }
}

dependencies {
    compile fileTree(dir: 'libs', include: ['*.jar'])

    //compile 'com.android.support:appcompat-v7:24.0.0-alpha1'
    compile 'com.android.support:appcompat-v7:23+'

}
```

<그림 12>

입력된 코드는 다음과 같다.

```
//compile 'com.android.support:appcompat-v7:24.0.0-alpha1' //주석처리
compile 'com.android.support:appcompat-v7:23+' //새로 추가
```

〈그림 13〉과 같이 실행 아이콘을 클릭하여 실행한다.

〈그림 13〉

〈그림 14〉와 같이 "Launch emulator"를 선택하고 "OK" 버튼을 클릭한다.

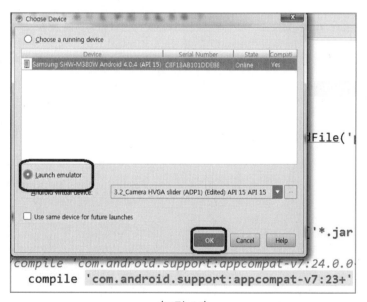

〈그림 14〉

실행 결과는 〈그림 15〉와 같다.

〈그림 15〉

이상으로 실습을 마친다.

2.2 서버의 이미지들에서 선택하여 다운로드하기

프로젝트를 만드는 전체적인 방법은 앞 절(2.1절)에서와 유사하다. 그러나 이 책에서는 가능하면 각각의 프로젝트를 필요할 때마다 독립적으로 실습할 수 있도록 별도로 프로젝트를 만들어 보기로 한다. 먼저, 다운받을 서버의 이미지를 준비하기위해 〈그림 16〉과 같이 "C:\APM_Setup\htdocs" 아래에 file 이라는 폴더를 만든다(만약 file 폴더가 이미 존재하면 만들지 않고 다음으로 넘어간다).

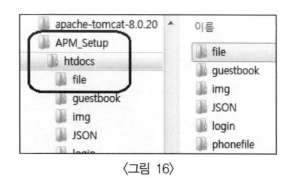

〈그림 16〉

다운받을 임의의 그림 파일 두 개를 구해서, "a.jpg"와 "b.jpg"이라고 이름을 변경한다. 이어서, "C:\APM_Setup\htdocs\file" 폴더 아래에 옮겨 놓는다. 최종 결과는 〈그림 17〉과 같다.

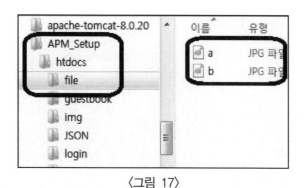

〈그림 17〉

안드로이드 스튜디오를 실행시킨다. 〈그림 18〉과 같이 "ImgDown2"라고 입력한 다음, "Next" 버튼을 3번 연속 클릭한다. 이어서, "Finish" 버튼을 클릭한다.

〈그림 18〉

〈그림 19〉와 같이 "activity_main.xml" 파일에 있는 "TextView"를 클릭한 다음, "Delete" 키를 눌러 삭제한다.

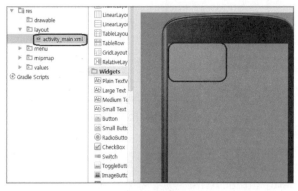

〈그림 19〉

〈그림 20〉과 같이 "ImageView"를 좌측 상단 쪽에 작성한다.

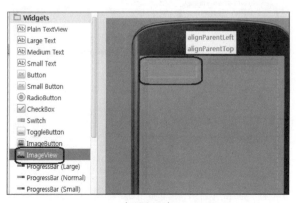

〈그림 20〉

〈그림 21〉과 같이 "minHeight"와 "minWidth"의 값을 각각 "300dp", "350dp"로 입력한다.

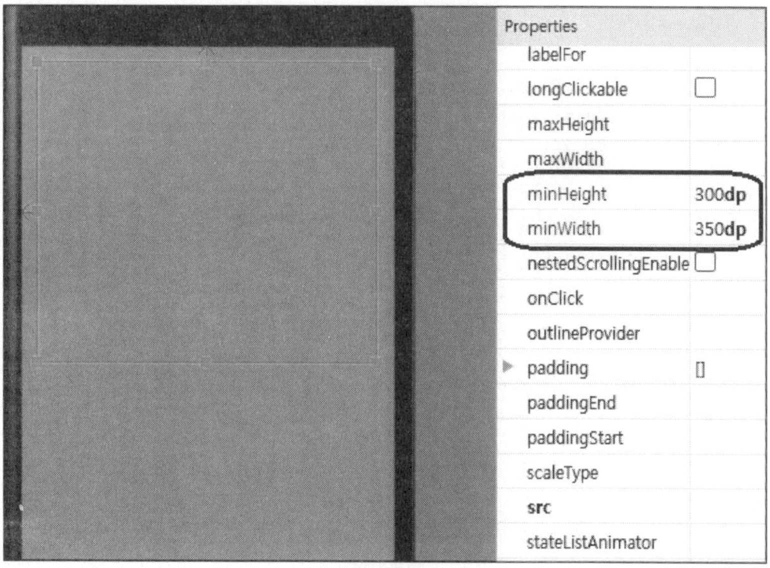

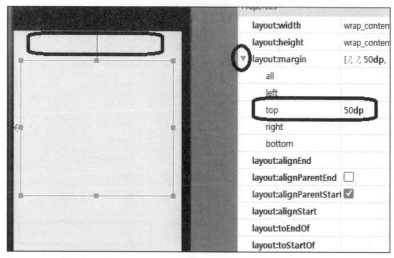

〈그림 21〉

〈그림 22〉와 같이 "layout : margin"의 "top" 속성을 클릭한 다음, "50dp"로 입력한다. 결과는 그림과 같이 이미지가 약간 아래쪽으로 이동될 것이다.

〈그림 22〉

〈그림 23〉과 같이 "Plain Text"를 하나 작성한다.

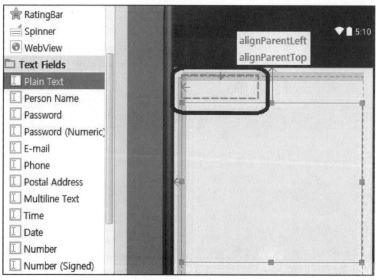

〈그림 23〉

〈그림 24〉와 같이 "width"에 "150dp"라고 입력한다.

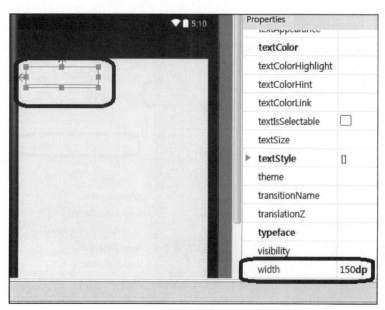

〈그림 24〉

〈그림 25〉와 같이 "Button"을 작성한다.

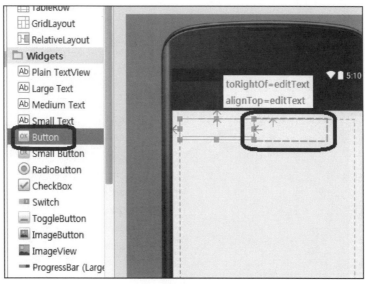

〈그림 25〉

〈그림 26〉과 같이 작성된 "Button"을 더블 클릭한 다음, "image down"이라고 입력한다.

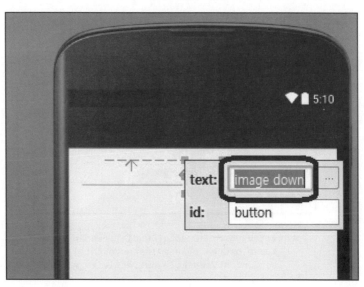

〈그림 26〉

〈그림 27〉과 같이 "onClick" 속성을 클릭한 다음, 오른쪽에 "onClick"이라고 입력한다.

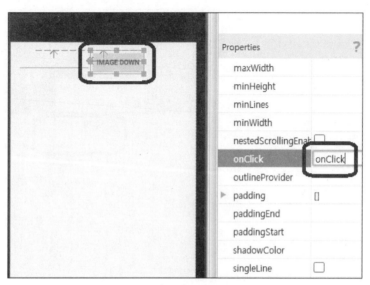

〈그림 27〉

〈그림 28〉과 같이 "MainActivity"를 더블 클릭 한 다음, 코드를 입력한다. 입력한 코드 중 〈String iUri = "http://xxx.xxx.xxx.xxx/file/";〉에서, xxx 부분은 자신의 고정 IP주 소를 직접 입력한다(예, 218.159.111.222).

```java
public class MainActivity extends AppCompatActivity
        implements View.OnClickListener {

    ImageView iv1;
    String iUri = "http://xxx.xxx.xxx.xxx/file/";
    Bitmap img;
    btask bt;
    EditText et;
    Button btn;
    String set;

    @Override
    protected void onCreate(Bundle savedInstanceState) {
        super.onCreate(savedInstanceState);
        setContentView(R.layout.activity_main);
    }
```

〈그림 28〉

입력된 코드는 다음과 같다.

```
public class MainActivity extends AppCompatActivity
        implements View.OnClickListener {
 ImageView iv1;
 String iUri = "http://xxx.xxx.xxx.xxx/file/"; //xxx는 자신의 고정 IP주소
 Bitmap img;
 btask bt;
 EditText et;
 Button btn;
 String set;
```

계속해서 〈그림 29〉와 같이 작성한다.

```
    @Override
    protected void onCreate(Bundle savedInstanceState) {
        super.onCreate(savedInstanceState);
        setContentView(R.layout.activity_main);

        iv1 = (ImageView) findViewById(R.id.imageView);
        et = (EditText)findViewById(R.id.editText);
        btn = (Button)findViewById(R.id.button);
        btn.setOnClickListener(this);
    }
    public void onClick(View v){
        set = et.getText().toString();
        bt = new btask();
        bt.execute(iUri + set + ".jpg");
    }
```

〈그림 29〉

입력된 코드는 다음과 같다.

```
@Override
protected void onCreate(Bundle savedInstanceState) { //자동생성된 코드
  super.onCreate(savedInstanceState); //자동생성된 코드
  setContentView(R.layout.activity_main); //자동생성된 코드
```

```
    iv1 = (ImageView) findViewById(R.id.imageView);
    et = (EditText)findViewById(R.id.editText);
    btn = (Button)findViewById(R.id.button);
    btn.setOnClickListener(this);
  }
  public void onClick(View v){
    set = et.getText().toString();
    bt = new btask();
    bt.execute(iUri + set + ".jpg");
  }
```

〈그림 30〉과 같이 코드를 작성한다.

```
private class btask extends AsyncTask<String, Integer, Bitmap> {
    @Override
    protected Bitmap doInBackground(String... URI) {
        try{
            URL imgUri = new URL(URI[0]);
            HttpURLConnection con =
                    (HttpURLConnection) imgUri.openConnection();
            InputStream is = con.getInputStream();
            img = BitmapFactory.decodeStream(is);
        }catch(IOException e){
            e.printStackTrace();
        }
        return img;
    }
    protected void onPostExecute(Bitmap img){
        iv1.setImageBitmap(img);
    }
}

@Override
public boolean onCreateOptionsMenu(Menu menu) {
```

〈그림 30〉

입력된 코드는 다음과 같다.

```
private class btask extends AsyncTask<String, Integer, Bitmap> {
```

```
@Override
protected Bitmap doInBackground(String... URI) {
 try{
    URL imgUri = new URL(URI[0]);
    HttpURLConnection con =
            (HttpURLConnection) imgUri.openConnection();
    InputStream is = con.getInputStream();
    img = BitmapFactory.decodeStream(is);
  }catch(IOException e){
    e.printStackTrace();
  }
    return img;
}
 protected void onPostExecute(Bitmap img){
    iv1.setImageBitmap(img);
 }
}
```

〈그림 31〉과 같이 "AndroidManifest.xml" 파일을 열어 코드를 추가한다.

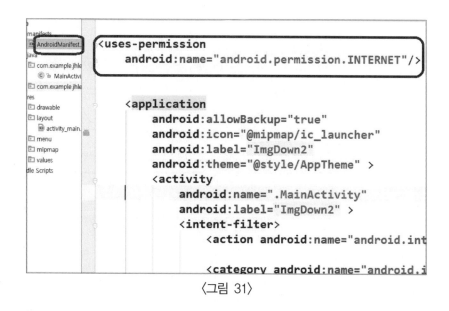

〈그림 31〉

입력된 코드는 다음과 같다.

```
<uses-permission android:name="android.permission.INTERNET"/>
```

〈그림 32〉와 같이 두 번째 "build.gradle"를 더블 클릭한다.

〈그림 32〉

〈그림 33〉과 같이 이전의 내용은 주석처리하고 수정된 내용으로 입력한다.

```
    buildTypes {
        release {
            minifyEnabled false
            proguardFiles getDefaultProguardFile('proguard-
        }
    }
}

dependencies {
    compile fileTree(dir: 'libs', include: ['*.jar'])

    //compile 'com.android.support:appcompat-v7:24.0.0-alpha1'
        compile 'com.android.support:appcompat-v7:23+'

}
```

〈그림 33〉

입력된 코드는 다음과 같다.

```
//compile 'com.android.support:appcompat-v7:24.0.0-alpha1' //주석처리
compile 'com.android.support:appcompat-v7:23+' //새로 추가
```

〈그림 34〉와 같이 실행 아이콘을 클릭하여 실행한다.

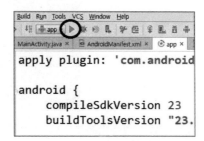

〈그림 34〉

〈그림 35〉와 같이 "Launch emulator"를 선택하고 "OK" 버튼을 클릭한다.

〈그림 35〉

〈그림 36〉과 같이 "a"라고 입력 한 다음, 버튼을 클릭한다.

〈그림 36〉

실행 결과는 〈그림 37〉과 같다.

〈그림 37〉

〈그림 38〉과 같이 "b"라고 입력 한 다음, 버튼을 클릭한다.

〈그림 38〉

실행 결과는 〈그림 39〉와 같다.

〈그림 39〉

이상으로 실습을 마친다.

CHAPTER 03

데이터베이스의 이미지를
스마트 폰에 출력하기

데이터베이스의 이미지를 스마트 폰에 출력하기

이번 장에서는 데이터베이스의 이미지를 스마트 폰에 출력해본다. 이미지를 포함한 간단한 데이터베이스와 테이블은 MySQL 데이터베이스를 이용해 작성한다. 데이터베이스에 이미지를 저장하는 방법은 이미지에 해당하는 파일 이름만 저장하는 방법과 그림 파일 자체를 저장하는 방법이 있다. 이 책에서는 파일 이름만을 저장하는 방법을 실습하기로 한다. 데이터베이스의 이미지를 검색해 스마트 폰에 출력하기 위한 방법은 PHP 코드를 이용하기로 한다.

3.1 MySQL를 이용한 이미지 데이터베이스 만들기

MySQL을 이용해 데이터베이스와 테이블을 만들기 위해 〈그림 1〉과 같이 "http://local-host/myadmin/"에서 사용자명과 암호를 입력하여 데이터베이스에 접속한다.

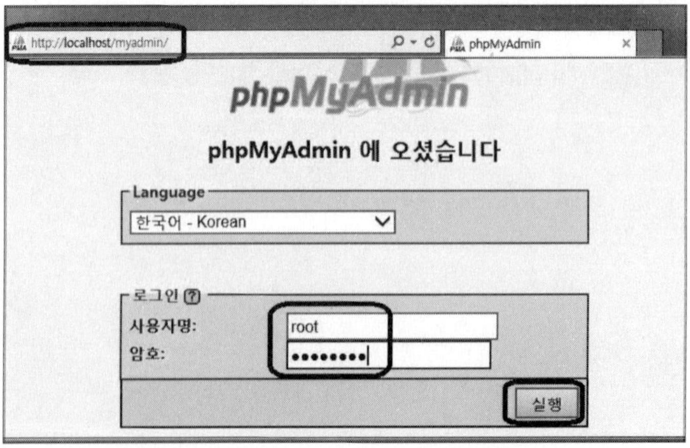

〈그림 1〉

〈그림 2〉와 같이 "imgdb"라고 입력하고 "만들기" 버튼을 클릭한다.

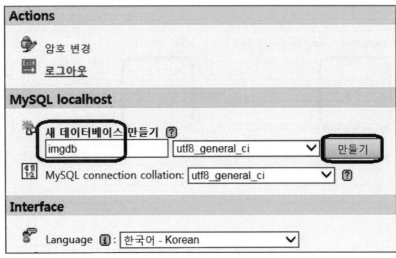

〈그림 2〉

〈그림 3〉과 같이 "imgtbl"이라고 입력한 다음, "Number of fields"에 "2"라고 입력한다.
이어서, "실행" 버튼을 클릭한다.

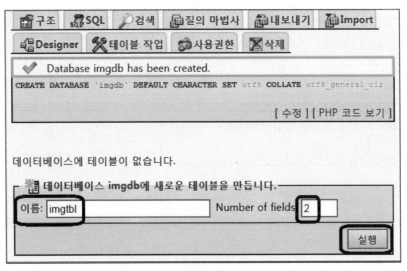

〈그림 3〉

〈그림 4〉와 같이 "id, VARCHAR, 10"와 "img, VARCHAR, 10"이라고 입력한 다음, 화면 가장 아래쪽의 "저장" 버튼을 클릭한다.

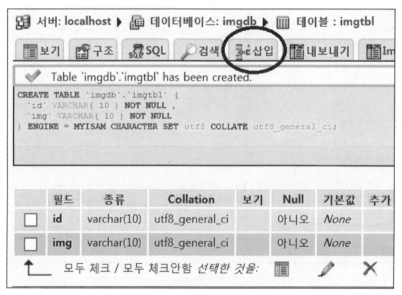

〈그림 4〉

〈그림 5〉와 같이 "삽입" 버튼을 클릭한다.

〈그림 5〉

〈그림 6〉과 같이 "A"와 "a.jpg"라고 입력하고 "실행" 버튼을 클릭한다.

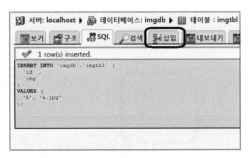

〈그림 6〉

〈그림 7〉과 같이 "삽입" 버튼을 클릭한다.

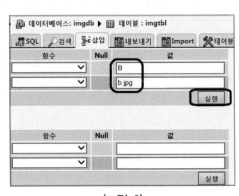

〈그림 7〉

〈그림 8〉과 같이 "B"와 "b.jpg"라고 입력하고 "실행" 버튼을 클릭한다.

〈그림 8〉

〈그림 9〉와 같이 "보기" 버튼을 클릭한다.

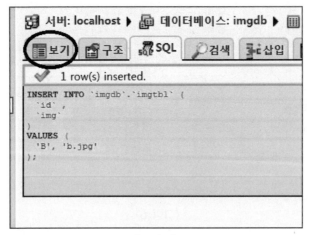

〈그림 9〉

지금까지 데이터베이스에 작성된 내용은 〈그림 10〉과 같다.

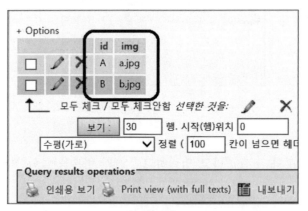

〈그림 10〉

이상으로 실습을 마친다.

3.2 데이터베이스 이미지를 출력하는 PHP 코드 작성하기

〈그림 11〉과 같이 메모장에 코드를 작성한다.

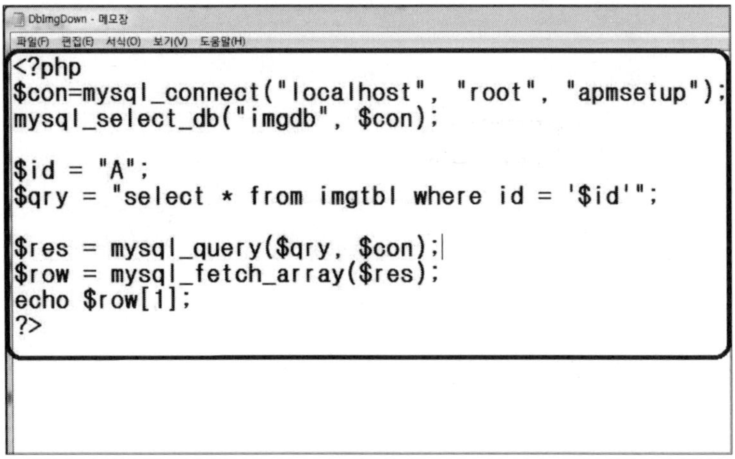

```
DblmgDown - 메모장
파일(F)  편집(E)  서식(O)  보기(V)  도움말(H)
<?php
$con=mysql_connect("localhost", "root", "apmsetup");
mysql_select_db("imgdb", $con);

$id = "A";
$qry = "select * from imgtbl where id = '$id'";

$res = mysql_query($qry, $con);
$row = mysql_fetch_array($res);
echo $row[1];
?>
```

〈그림 11〉

작성된 코드는 다음과 같다.

```php
<?php
$con=mysql_connect("localhost", "root", "apmsetup");
mysql_select_db("imgdb", $con);

$id = "A";
$qry = "select * from imgtbl where id = '$id'";

$res = mysql_query($qry, $con);
$row = mysql_fetch_array($res);
echo $row[1]; //img 필드 내용(a.jpg)을 출력
?>
```

〈그림 12〉와 같이 "C:\APM_Setup\htdocs" 폴더 아래에 "DbImgDown.php"라고 저장한다(%주의: 저장할 때, 인코딩(E)은 ANSI 형식으로 저장(위 프로그램의 경우UTF-8이면 안드로이드에서 에러발생))

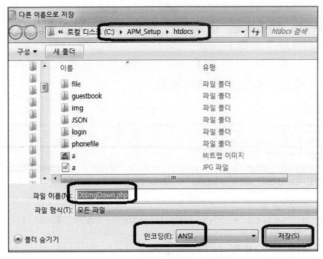

〈그림 12〉

이상으로 PHP 코드의 작성을 마친다.

3.3 데이터베이스 이미지를 스마트 폰에 출력하기

데이터베이스에서 검색된 이미지가 존재하면 해당되는 이미지를 다운 받을 것이다. 다운받을 이미지를 위해 〈그림 13〉과 같이 "C:\APM_Setup\htdocs" 아래에 file 이라는 폴더를 만든다(만약 file 폴더가 이미 존재하면 만들지 않고 다음으로 넘어간다).

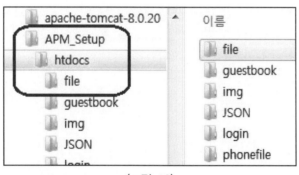

〈그림 13〉

다운받을 임의의 그림 파일 두 개를 구해서, "a.jpg"와 "b.jpg"이라고 이름을 변경한다. 이어서, "C:\APM_Setup\htdocs\file" 폴더 아래에 옮겨 놓는다. 최종 결과는 〈그림 14〉와 같다.

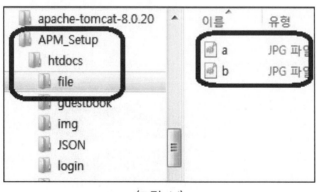

〈그림 14〉

안드로이드 스튜디오를 실행시킨다. 〈그림 15〉와 같이 "DbImgDown1"이라고 입력한 다음, "Next" 버튼을 3번 연속 클릭한다. 이어서, "Finish" 버튼을 클릭한다.

〈그림 15〉

〈그림 16〉과 같이 "activity_main.xml" 파일에 있는 "TextView"를 클릭한 다음, "Delete" 키를 눌러 삭제한다.

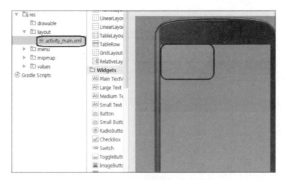

〈그림 16〉

〈그림 17〉과 같이 "ImageView"를 좌측 상단 쪽에 작성한다.

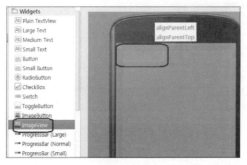

〈그림 17〉

〈그림 18〉과 같이 "minHeight"와 "minWidth"의 값을 각각 "300dp", "350dp"로 입력한다.

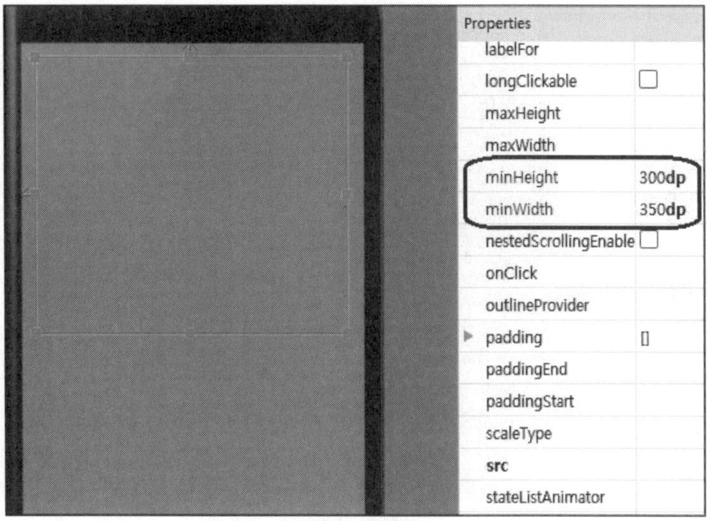

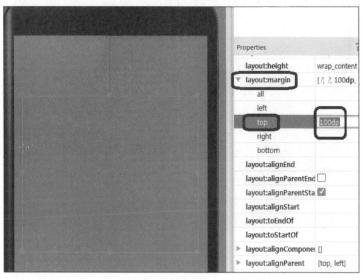

〈그림 18〉

〈그림 19〉와 같이 "layout : margin"의 "top" 속성을 클릭한 다음, "100dp"로 입력한다. 결과는 그림과 같이 이미지가 아래쪽으로 이동될 것이다.

〈그림 19〉

〈그림 20〉과 같이 "Button"을 작성한다.

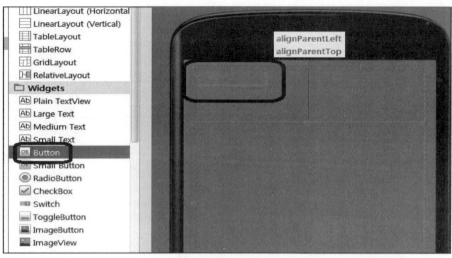

〈그림 20〉

방금 작성된 "Button"을 더블 클릭한 다음, 〈그림 21〉과 같이 "text:" 위치에 "image down"이라고 입력한다.

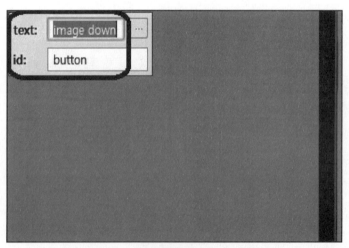

〈그림 21〉

〈그림 22〉와 같이 "onClick" 속성을 클릭한 다음, 오른쪽에 "onClick"이라고 입력한다. 이어서, "textSize"는 "30dp"로 입력한다.

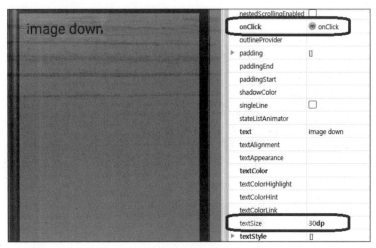

〈그림 22〉

〈그림 23〉과 같이 "Plain Text"를 하나 작성한다.

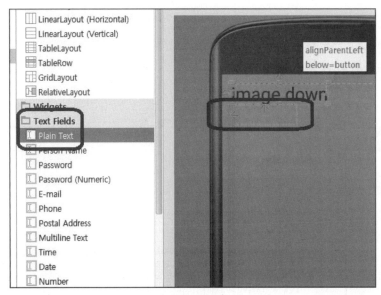

〈그림 23〉

〈그림 24〉와 같이 "textSize"에 "30dp", "width"에 "150dp"라고 입력한다.

textColorHint	
textColorLink	
textIsSelectable	☐
textSize	**30dp**
textStyle	
theme	
transitionName	
translationZ	
typeface	
visibility	
width	150dp

〈그림 24〉

〈그림 25〉와 같이 "MainActivity"를 더블 클릭 한 다음, 코드를 입력한다. 코드 〈at.execute ("http://xxx.xxx.xxx.xxx/DbImgDown.php");〉에서 xxx부분은 자신의 고정 IP주소를 직접 입력한다(예, 218.159.111.222).

```java
public class MainActivity extends AppCompatActivity
        implements View.OnClickListener {
    ImageView iv1;
    Bitmap img;
    EditText et;
    Button btn;
    atask at;
    btask bt;
    URL url;
    @Override
    protected void onCreate(Bundle savedInstanceState) {
        super.onCreate(savedInstanceState);
        setContentView(R.layout.activity_main);
        iv1 = (ImageView) findViewById(R.id.imageView);
        et = (EditText)findViewById(R.id.editText);
        btn = (Button)findViewById(R.id.button);
        btn.setOnClickListener(this);
    }
    public void onClick(View v){
        at = new atask();
        bt = new btask();
        at.execute("http://xxx.xxx.xxx.xxx/DbImgDown.php");
    }
```

〈그림 25〉

입력된 코드는 다음과 같다.

```
public class MainActivity extends AppCompatActivity
        implements View.OnClickListener {   //버튼 클릭을 위함

    ImageView iv1;
    Bitmap img;
    EditText et;
    Button btn;
    atask at; //atask는 데이터베이스에서 다운 받을 이미지를 검색하기 위함
    btask bt; //btask는 검색된 이미지를 다운받아 스마트폰에 출력하기 위함
    URL url;

    @Override
    protected void onCreate(Bundle savedInstanceState) {

        super.onCreate(savedInstanceState); //자동생성된 코드
        setContentView(R.layout.activity_main); //자동생성된 코드

        iv1 = (ImageView) findViewById(R.id.imageView);
        et = (EditText)findViewById(R.id.editText);
        btn = (Button)findViewById(R.id.button);
        btn.setOnClickListener(this);

    }

    public void onClick(View v){

        at = new atask();
        bt = new btask();
        at.execute("http://xxx.xxx.xxx.xxx/DbImgDown.php"); //자신의 IP입력

    }
```

계속해서 〈그림 26〉과 같이 작성한다.

```
private class atask extends AsyncTask<String, String, String> {
    @Override
    protected String doInBackground(String... urls) {
        StringBuilder sb = new StringBuilder();
        try{
            url = new URL(urls[0]);
            HttpURLConnection conn =
                (HttpURLConnection)url.openConnection();
            BufferedReader br = new BufferedReader(new
                InputStreamReader(conn.getInputStream(), "UTF-8"));
            while(true){
                String ln = br.readLine();
                if(ln == null) break;
                sb.append(ln + "\n");
            }
            br.close();
            conn.disconnect();
        } catch(Exception ex){ ex.printStackTrace(); }
        return sb.toString();
    }
    protected void onPostExecute(String str) { bt.execute(str); }
}
```

〈그림 26〉

입력된 코드는 다음과 같다.

```
private class atask extends AsyncTask<String, String, String> {

    @Override
    protected String doInBackground(String... urls) {
        StringBuilder sb = new StringBuilder();
        try{
            url = new URL(urls[0]);
            HttpURLConnection conn =
                (HttpURLConnection)url.openConnection();
            BufferedReader br = new BufferedReader(new
                InputStreamReader(conn.getInputStream(), "UTF-8"));
            while(true){
                String ln = br.readLine();
                if(ln == null) break;
                sb.append(ln + "\n");
            }
            br.close();
            conn.disconnect();
```

```
        } catch(Exception ex){ ex.printStackTrace(); }
        return sb.toString();
    }

    protected void onPostExecute(String str){
        bt.execute(str);
    }

}
```

〈그림 27〉과 같이 코드를 작성한다.

```
private class btask extends AsyncTask<String, String, Bitmap> {
    @Override
    protected Bitmap doInBackground(String... URI) {
        try{
            URI[0] = "http://xxx.xxx.xxx.xxx/file/" + URI[0].toString();
            url = new URL(URI[0]);
            runOnUiThread(new Thread(new Runnable() {
                @Override
                public void run() {
                    et.setText(url.toString());
                }
            }));
            HttpURLConnection conn = (HttpURLConnection) url.openConnection();
            InputStream is = conn.getInputStream();
            img = BitmapFactory.decodeStream(is);
            conn.disconnect();
        }catch(IOException e){
            e.printStackTrace();
        }
        return img;
    }
    protected void onPostExecute(Bitmap img) { iv1.setImageBitmap(img); }
}
}
```

〈그림 27〉

입력된 코드는 다음과 같다.

```
private class btask extends AsyncTask<String, String, Bitmap> {
    @Override
    protected Bitmap doInBackground(String... URI) {
```

```
            try{
                URI[0] = "http://xxx.xxx.xxx.xxx/file/" +
                            URI[0].toString();
                url = new URL(URI[0]);

                runOnUiThread(new Thread(new Runnable() {
                    @Override
                    public void run() {
                        et.setText(url.toString());
                    }
                }));

                HttpURLConnection conn = (HttpURLConnection)
                            url.openConnection();
                InputStream is = conn.getInputStream();
                img = BitmapFactory.decodeStream(is);
                conn.disconnect();
            }catch(IOException e){
                e.printStackTrace();
            }
            return img;

        }

        protected void onPostExecute(Bitmap img){
            iv1.setImageBitmap(img);
        }

    }
}
```

앞의 코드 중에서, "runOnUiThread()"코드는 배경 스레드 안에서 UI 스레드를 일시적으로 처리하기 위함이다. 즉, 시간이 많이 걸리는 배경 작업을 수행하는 중에 화면에 출력하는 UI처리를 하기위한 코드이다. 〈그림 28〉과 같이 "AndroidManifest.xml" 파일을 열어 코드를 추가한다.

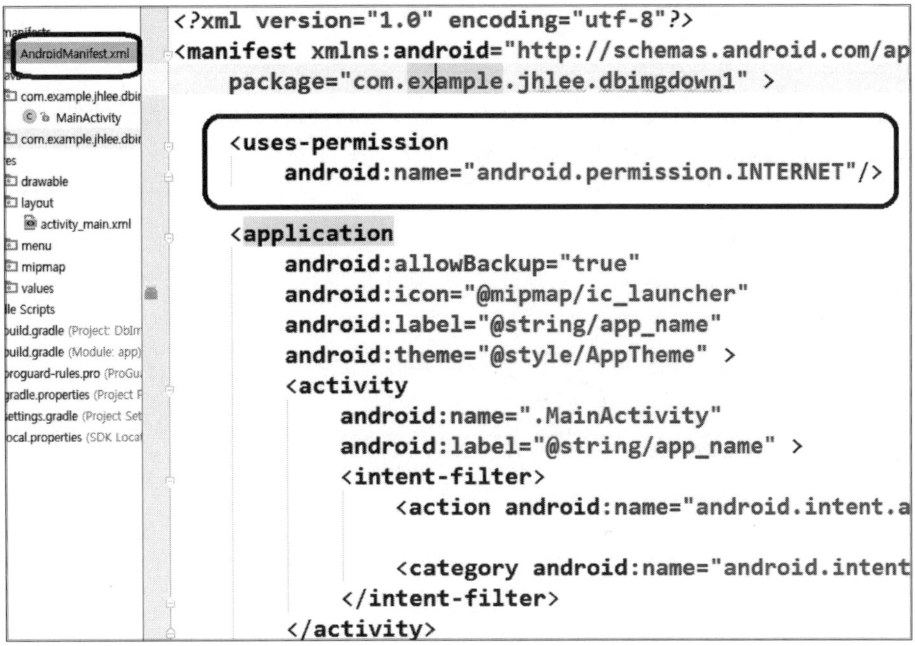

〈그림 28〉

입력된 코드는 다음과 같다.

```
<uses-permission android:name="android.permission.INTERNET"/>
```

〈그림 29〉와 같이 두 번째 "build.gradle"를 더블 클릭 한 다음, 이전의 내용은 주석처리하고 수정된 내용으로 입력한다.

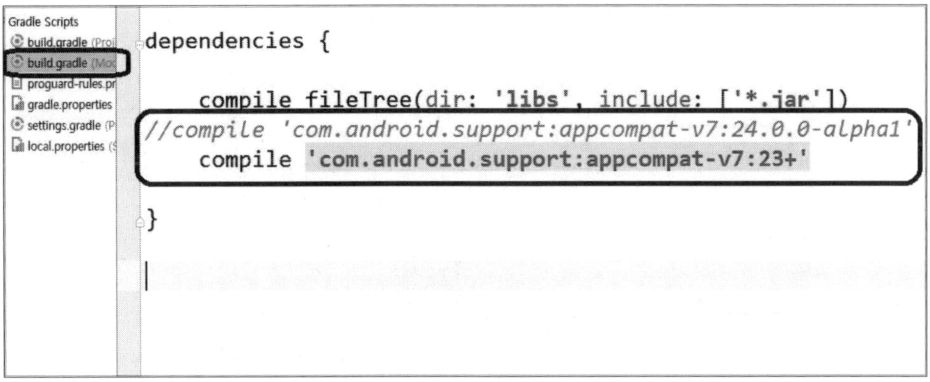

〈그림 29〉

입력된 코드는 다음과 같다.

```
//compile 'com.android.support:appcompat-v7:24.0.0-alpha1' //주석처리
compile 'com.android.support:appcompat-v7:23+' //새로 추가
```

〈그림 30〉과 같이 실행 아이콘을 클릭하여 실행한다.

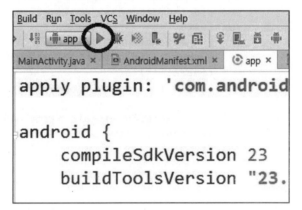

〈그림 30〉

〈그림 31〉과 같이 "Launch emulator"를 선택하고 "OK" 버튼을 클릭한다.

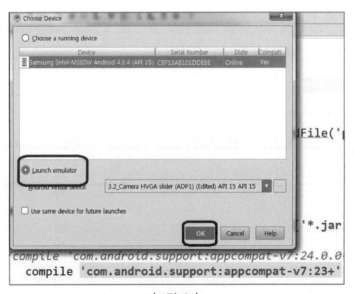

〈그림 31〉

〈그림 32〉와 같이 "IMAGE DOWN" 버튼을 클릭한다.

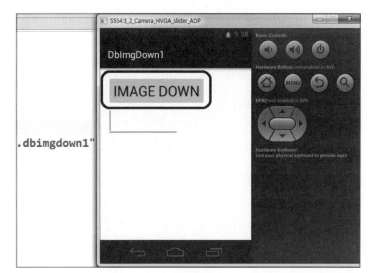

〈그림 32〉

실행 결과는 〈그림 33〉과 같다. 참고로, 출력결과에서 그림위에 출력된 저자의 IP는 지우기 위해 일부 편집되었음을 양해해주시기를 바랍니다. 독자들의 결과에는 자신의 IP가 출력될 것이다.

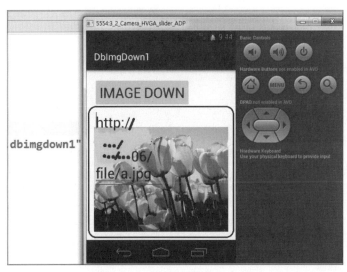

〈그림 33〉

3.3 절에서의 실습은 안드로이드에서 요청한 이미지를 데이터베이스에서 검색하고 데이터베이스에 일치되는 내용이 있으면 해당 이미지를 스마트 폰에 출력하는 것이다. 이 절에서의 실습 내용은 데이터베이스를 처음 다루는 독자도 이해하기 쉽도록 최대한 간단하게 작성되었다.

이상으로 3.3 절의 실습을 마친다.

CHAPTER 04

스마트 폰에서 선택한
이미지 출력하기

스마트 폰에서
선택한 이미지 출력하기

이번 장에서는 스마트 폰에서 선택한 데이터베이스의 이미지를 다시 스마트 폰에 출력해본다. 먼저, 3장에서와 같은 방식으로 간단한 이미지 데이터베이스와 테이블을 작성한다. 사용되는 데이터베이스는 MySQL 데이터베이스를 사용한다. 스마트 폰에서 입력한 이미지를 데이터베이스에서 검색해 해당되는 이미지를 스마트 폰에 출력하기 위해 PHP 코드를 작성 한다.

4.1 데이터베이스 만들기(MySQL 버전)

만약 3.1절에서 데이터베이스와 테이블을 만들었다면, 4.1절은 생략하고 4.2절에서부터 실습하면 된다. 그럼에도 불구하고, 이절을 다시 한 번 작성한 이유는 프로젝트가 길고 코드가 복잡해 다른 장의 내용을 참조하려면 또 다시 시간이 많이 걸리기 때문이다. 따라서, 가능하면 다른 장을 언급하지 않고 각 장별로 독자적으로 수행해볼 수 있도록 하기 위해서이다.

먼저, MySQL을 이용해 데이터베이스와 테이블을 만들기 위해 〈그림 1〉과 같이 "http://localhost/myadmin/"에서 사용자명과 암호를 입력하여 데이터베이스에 접속한다.

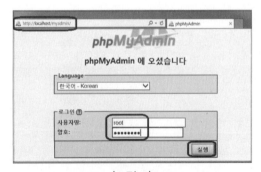

〈그림 1〉

〈그림 2〉와 같이 "imgdb"라고 입력하고 "만들기" 버튼을 클릭한다.

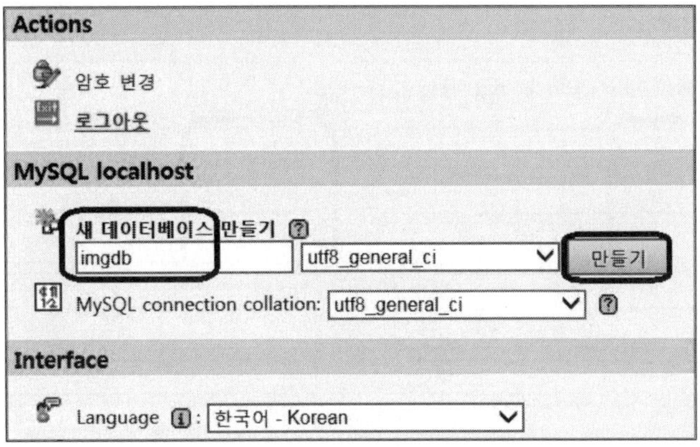

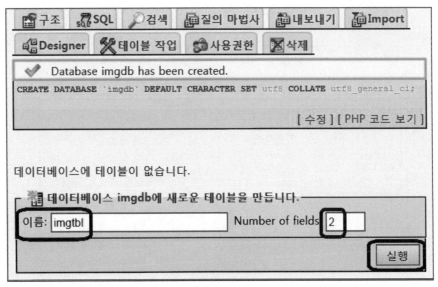

〈그림 2〉

〈그림 3〉과 같이 "imgtbl"이라고 입력한 다음, "Number of fields"에 "2"라고 입력한다. 이어서, "실행" 버튼을 클릭한다.

〈그림 3〉

〈그림 4〉와 같이 "id, VARCHAR, 10"와 "img, VARCHAR, 10"이라고 입력한 다음, 화면 가장 아래쪽의 "저장" 버튼을 클릭한다.

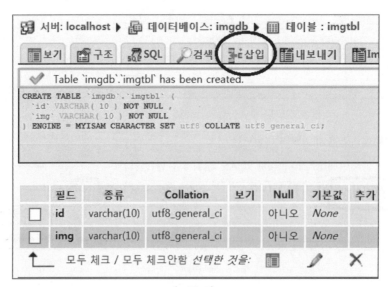

〈그림 4〉

〈그림 5〉와 같이 "삽입" 버튼을 클릭한다.

〈그림 5〉

〈그림 6〉과 같이 "A"와 "a.jpg"라고 입력하고 "실행" 버튼을 클릭한다.

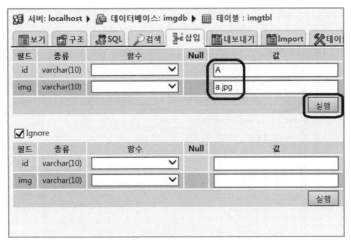

〈그림 6〉

〈그림 7〉과 같이 "삽입" 버튼을 클릭한다.

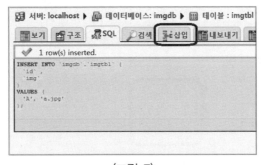

〈그림 7〉

〈그림 8〉과 같이 "B"와 "b.jpg"라고 입력하고 "실행" 버튼을 클릭한다.

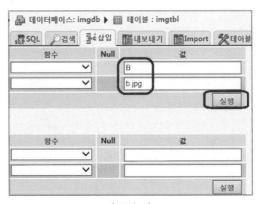

〈그림 8〉

〈그림 9〉와 같이 "보기" 버튼을 클릭한다.

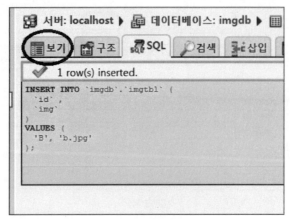

〈그림 9〉

지금까지 데이터베이스에 작성된 내용은 〈그림 10〉과 같다.

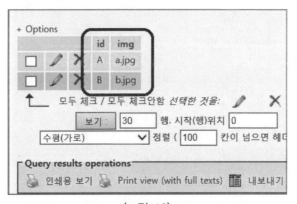

〈그림 10〉

이상으로 실습을 마친다.

4.2 이미지 출력을 위한 PHP 코드 작성하기

〈그림 11〉과 같이 메모장에 코드를 작성한다.

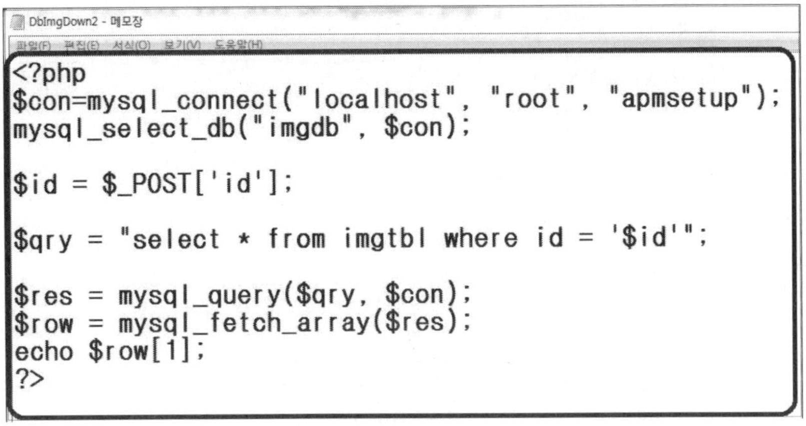
DbImgDown2 - 메모장
파일(F) 편집(E) 서식(O) 보기(V) 도움말(H)

```
<?php
$con=mysql_connect("localhost", "root", "apmsetup");
mysql_select_db("imgdb", $con);

$id = $_POST['id'];

$qry = "select * from imgtbl where id = '$id'";

$res = mysql_query($qry, $con);
$row = mysql_fetch_array($res);
echo $row[1];
?>
```

〈그림 11〉

작성된 코드는 다음과 같다.

```
<?php
$con=mysql_connect("localhost", "root", "apmsetup");
mysql_select_db("imgdb", $con);

$id = $_POST['id']; //안드로이드에서 전달받은 id값 읽어 저장하기

$qry = "select * from imgtbl where id = '$id'";

$res = mysql_query($qry, $con);
$row = mysql_fetch_array($res);
echo $row[1];
?>
```

〈그림 12〉와 같이 "C:\APM_Setup\htdocs" 폴더 아래에 "DbImgDown2.php"라고 저장한다(%주의: 저장할 때, 인코딩(E)은 ANSI 형식으로 저장(위 프로그램의 경우UTF-8이면 안드로이드에서 에러발생))

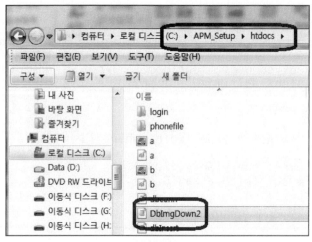

〈그림 12〉

이상으로 PHP 코드의 작성을 마친다.

4.3 스마트폰에서 선택한 데이터베이스 이미지 출력하기

〈그림 13〉과 같이 "C:\APM_Setup\htdocs" 아래에 file 이라는 폴더를 만든다(만약 file 폴더가 이미 존재하면 만들지 않고 다음으로 넘어간다).

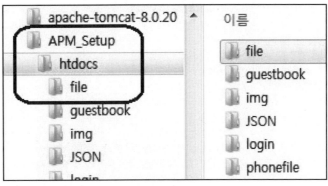

〈그림 13〉

"C:\APM_Setup\htdocs\file" 폴더 아래에 "a.jpg"와 "b.jpg"를 옮겨 놓는다. 최종 결과는 〈그림 14〉와 같다.

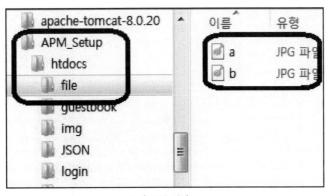

〈그림 14〉

안드로이드 스튜디오를 실행시킨다. 〈그림 15〉와 같이 "DbImgDown2"라고 입력한 다음, "Next" 버튼을 3번 연속 클릭한다. 이어서, "Finish" 버튼을 클릭한다.

〈그림 15〉

〈그림 16〉과 같이 "activity_main.xml" 파일에 있는 "TextView"를 클릭한 다음, "Delete" 키를 눌러 삭제한다.

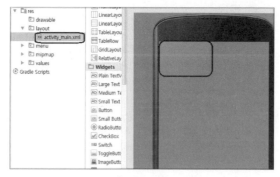

〈그림 16〉

〈그림 17〉과 같이 "ImageView"를 좌측 상단 쪽에 작성한다.

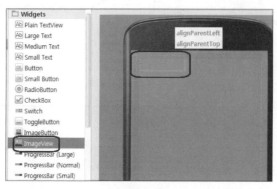

〈그림 17〉

〈그림 18〉과 같이 "minHeight"와 "minWidth"의 값을 각각 "300dp", "350dp"로 입력한다.

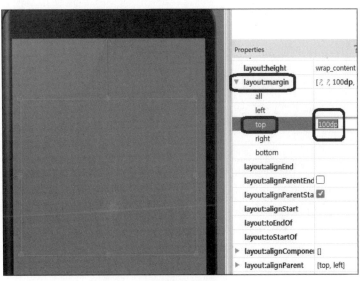

〈그림 18〉

〈그림 19〉와 같이 "layout : margin"의 "top" 속성을 클릭한 다음, "100dp"로 입력한다. 결과는 그림과 같이 이미지가 아래쪽으로 이동될 것이다.

〈그림 19〉

〈그림 20〉과 같이 "Button"을 작성한다.

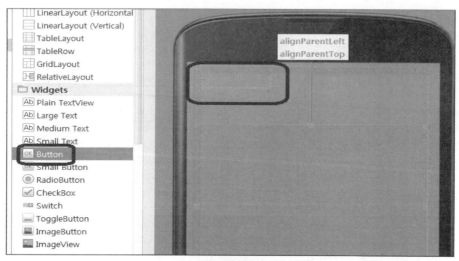

〈그림 20〉

방금 작성된 "Button"을 더블 클릭한 다음, 〈그림 21〉과 같이 "text:" 위치에 "image down"이라고 입력한다.

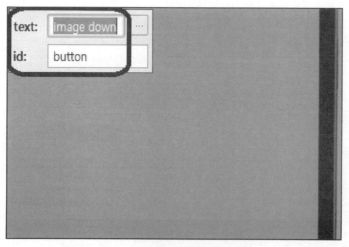

〈그림 21〉

〈그림 22〉와 같이 "onClick" 속성을 클릭한 다음, 오른쪽에 "onClick"이라고 입력한다. 이어서, "textSize"는 "30dp"로 입력한다.

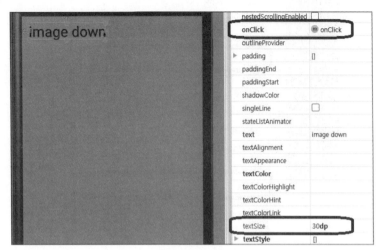

〈그림 22〉

〈그림 23〉과 같이 "Plain Text"를 하나 작성한다.

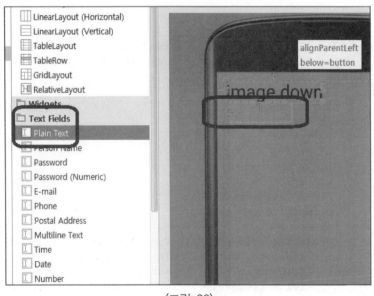

〈그림 23〉

〈그림 24〉와 같이 "textSize"에 "30dp", "width"에 "150dp"라고 입력한다.

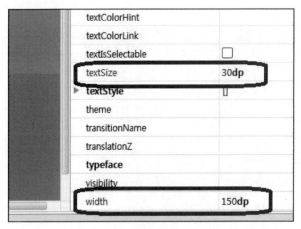

〈그림 24〉

〈그림 25〉와 같이 "MainActivity"를 더블 클릭 한 다음, 코드를 입력한다. 코드 〈String Uri1 = "http://xxx.xxx.xxx.xxx/DbImgDown2.php";〉에서 xxx부분은 자신의 IP주소를 직접 입력한다.

```java
public class MainActivity extends AppCompatActivity
        implements View.OnClickListener {
    String Uri1 = "http://xxx.xxx.xxx.xxx/DbImgDown2.php";
    ImageView iv1;
    Bitmap img;
    EditText et;
    Button btn;
    atask at;
    btask bt;
    URL url;
    String etid, sid, msg1;
    OutputStreamWriter sw;
    @Override
    protected void onCreate(Bundle savedInstanceState) {
        super.onCreate(savedInstanceState);
        setContentView(R.layout.activity_main);
        iv1 = (ImageView) findViewById(R.id.imageView);
        et = (EditText)findViewById(R.id.editText);
        btn = (Button)findViewById(R.id.button);
        btn.setOnClickListener(this);
    }
```

〈그림 25〉

입력된 코드는 다음과 같다.

```
public class MainActivity extends AppCompatActivity
        implements View.OnClickListener {

    String Uri1 = "http://xxx.xxx.xxx.xxx/DbImgDown2.php";
    ImageView iv1;
    Bitmap img;
    EditText et;
    Button btn;
    atask at;
    btask bt;
    URL url;
    String etid, sid, msg1;
    OutputStreamWriter sw;
    @Override

    protected void onCreate(Bundle savedInstanceState) {
        super.onCreate(savedInstanceState);
        setContentView(R.layout.activity_main);
        iv1 = (ImageView) findViewById(R.id.imageView);
        et = (EditText)findViewById(R.id.editText);
        btn = (Button)findViewById(R.id.button);
        btn.setOnClickListener(this);
    }
```

계속해서 〈그림 26〉과 같이 작성한다.

```
public void onClick(View v){
    etid = et.getText().toString();
    at = new atask();
    bt = new btask();
    at.execute(etid);
}

private class atask extends AsyncTask<String, String, String> {
    @Override
    protected String doInBackground(String... params) {
        sid = (String)params[0];
        StringBuilder sb = new StringBuilder();
        try{
            msg1 = URLEncoder.encode("id", "UTF-8") + "=" +
                    URLEncoder.encode(sid, "UTF-8");
            url = new URL(Uri1);
            HttpURLConnection conn = (HttpURLConnection)url.openConnection();
            conn.setDoOutput(true);
            sw = new OutputStreamWriter(conn.getOutputStream());
            sw.write(msg1);
            sw.flush();
            sw.close();

            BufferedReader br = new BufferedReader(new
                    InputStreamReader(conn.getInputStream(), "UTF-8"));
            while(true){
                String ln = br.readLine();
                if(ln == null) break;
                sb.append(ln + "\n");
            }
            br.close();
            conn.disconnect();
        } catch(Exception ex){ ex.printStackTrace(); }
        return sb.toString();
    }
    protected void onPostExecute(String str){
        bt.execute(str);
    }
}
```

〈그림 26〉

입력된 코드는 다음과 같다.

```
public void onClick(View v){
        etid = et.getText().toString();
        at = new atask();
        bt = new btask();
```

```
        at.execute(etid);
    }

private class atask extends AsyncTask<String, String, String> {
   @Override
   protected String doInBackground(String... params) {
        sid = (String)params[0];
        StringBuilder sb = new StringBuilder();
        try{
            msg1 = URLEncoder.encode("id", "UTF-8") + "=" +
                    URLEncoder.encode(sid, "UTF-8");
            url = new URL(Uri1);
            HttpURLConnection conn =
                    (HttpURLConnection)url.openConnection();
            conn.setDoOutput(true);
            sw = new OutputStreamWriter(conn.getOutputStream());
            sw.write(msg1);
            sw.flush();
            sw.close();
            BufferedReader br = new BufferedReader(new
                    InputStreamReader(conn.getInputStream(), "UTF-8"));
            while(true){
                String ln = br.readLine();
                if(ln == null) break;
                 sb.append(ln + "\n");
            }
            br.close();
            conn.disconnect();
        } catch(Exception ex){ ex.printStackTrace(); }
        return sb.toString();
    }
   protected void onPostExecute(String str){
        bt.execute(str);
    }
  }
  }
```

〈그림 27〉과 같이 코드를 작성한다.

```java
private class btask extends AsyncTask<String, String, Bitmap> {
    @Override
    protected Bitmap doInBackground(String... URI) {
        try{
            URI[0] = "http://xxx.xxx.xxx.xxx/file/" + URI[0].toString();
            url = new URL(URI[0]);
            runOnUiThread(new Thread(new Runnable() {
                @Override
                public void run() {
                    et.setText(url.toString());
                }
            }));
            HttpURLConnection conn = (HttpURLConnection) url.openConnection();
            InputStream is = conn.getInputStream();
            img = BitmapFactory.decodeStream(is);
            conn.disconnect();
        }catch(IOException e){
            e.printStackTrace();
        }
        return img;
    }
    protected void onPostExecute(Bitmap img){ iv1.setImageBitmap(img); }
}
```

〈그림 27〉

입력된 코드는 다음과 같다.

```java
private class btask extends AsyncTask<String, String, Bitmap> {
    @Override
    protected Bitmap doInBackground(String... URI) {
        try{
            URI[0] = "http://xxx.xxx.xxx.xxx/file/" +
                    URI[0].toString();
            url = new URL(URI[0]);
            runOnUiThread(new Thread(new Runnable() {
                @Override
                public void run() {
                    et.setText(url.toString());
                }
            }));
            HttpURLConnection conn = (HttpURLConnection)
```

```
                        url.openConnection();
            InputStream is = conn.getInputStream();
            img = BitmapFactory.decodeStream(is);
            conn.disconnect();
        }catch(IOException e){
            e.printStackTrace();
        }
        return img;
    }
    protected void onPostExecute(Bitmap img){
                    iv1.setImageBitmap(img);
    }
  }
}
```

〈그림 28〉과 같이 "AndroidManifest.xml" 파일을 열어 코드를 추가한다.

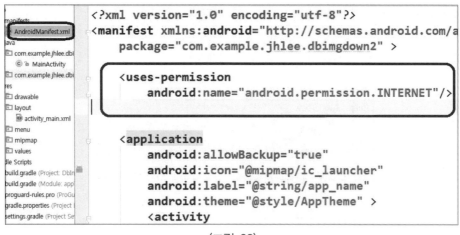

〈그림 28〉

입력된 코드는 다음과 같다.

```
<uses-permission android:name="android.permission.INTERNET"/>
```

〈그림 29〉와 같이 두 번째 "build.gradle"를 더블 클릭 한 다음, 이전의 내용은 주석처리 하고 수정된 내용으로 입력한다.

```
Gradle Scripts
 build.gradle (Proj
 build.gradle (Mo
 proguard-rules.pr
 gradle.properties
 settings.gradle (P
 local.properties (S

dependencies {

    compile fileTree(dir: 'libs', include: ['*.jar'])
//compile 'com.android.support:appcompat-v7:24.0.0-alpha1'
    compile 'com.android.support:appcompat-v7:23+'

}
```

〈그림 29〉

입력된 코드는 다음과 같다.

```
//compile 'com.android.support:appcompat-v7:24.0.0-alpha1' //주석처리
compile 'com.android.support:appcompat-v7:23+' //새로 추가
```

〈그림 30〉과 같이 실행 아이콘을 클릭하여 실행한다.

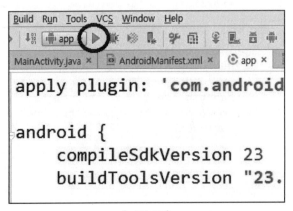

〈그림 30〉

〈그림 31〉과 같이 "Launch emulator"를 선택하고 "OK" 버튼을 클릭한다.

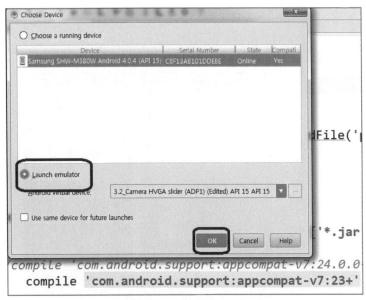

〈그림 31〉

〈그림 32〉와 같이 "A"를 입력한 다음, "IMAGE DOWN" 버튼을 클릭한다.

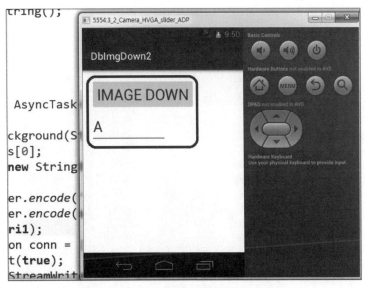

〈그림 32〉

실행 결과는 〈그림 33〉과 같다.

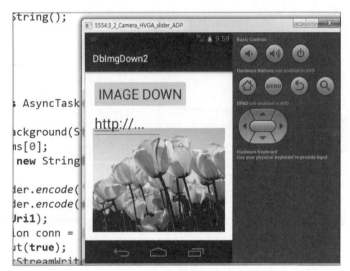

〈그림 33〉

같은 방법으로, "B"를 입력한 다음, "IMAGE DOWN" 버튼을 클릭하면 〈그림 34〉와 같이 출력된다.

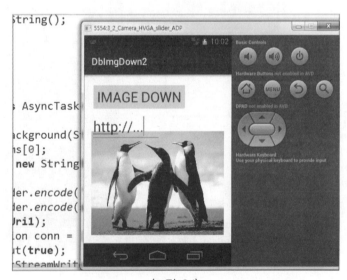

〈그림 34〉

이상으로 4장의 실습을 모두 마친다.

서버에 이미지를 업로드(upload)하기

ANDROID

서버에 이미지를 업로드(upload)하기

이번 장에서는 스마트 폰에 있는 이미지를 서버에 전송하는 방법을 알아본다. 먼저, 4장에서와 같은 방법으로 이미지를 업로드하기 위한 PHP 코드를 작성해본다. 이어서, 서버에 이미지를 업로드하기 위한 안드로이드 프로젝트를 작성하여 사진 이미지를 서버에 전송해본다.

5.1 이미지 업로드를 위한 PHP 코드 작성하기

〈그림 1〉과 같이 메모장에 코드를 작성한다.

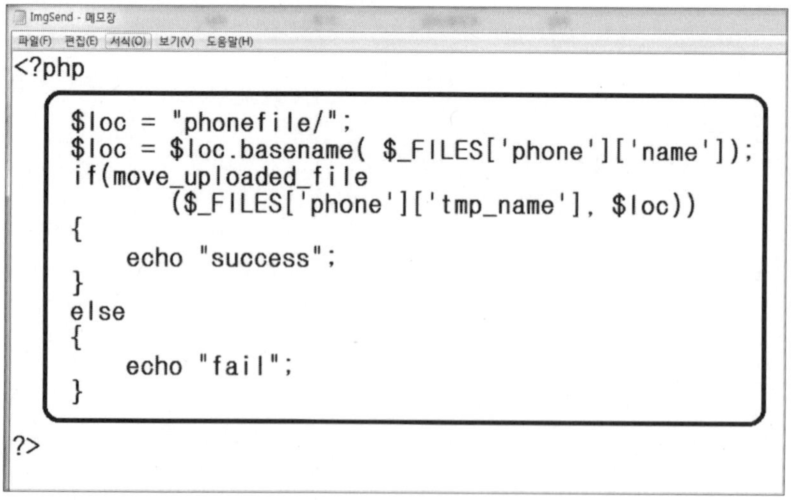

```php
<?php

    $loc = "phonefile/";
    $loc = $loc.basename( $_FILES['phone']['name']);
    if(move_uploaded_file
            ($_FILES['phone']['tmp_name'], $loc))
    {
        echo "success";
    }
    else
    {
        echo "fail";
    }

?>
```

〈그림 1〉

작성된 코드는 다음과 같다.

```php
<?php

    $loc = "phonefile/";
    $loc = $loc.basename($_FILES['phone']['name']);
    if(move_uploaded_file
        ($_FILES['phone']['tmp_name'], $loc))
    {
        echo "success";
    }
    else
    {
        echo "fail";
    }

?>
```

〈그림 2〉와 같이 "C:\APM_Setup\htdocs" 폴더 아래에 "ImgSend.php"라고 저장한다(%
주의: 저장할 때, 인코딩(E)은 ANSI 형식으로 저장)

〈그림 2〉

이상으로 PHP 코드의 작성을 마친다.

5.2 서버에 이미지를 업로드하기

〈그림 3〉과 같이 "C:\APM_Setup\htdocs" 아래에 phonefile 이라는 폴더를 만든다.

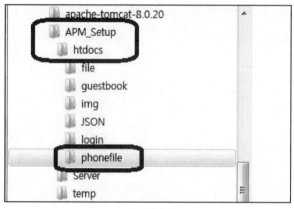

〈그림3〉

안드로이드 스튜디오를 실행시킨다. 〈그림 4〉와 같이 "ImgUpload"라고 입력한 다음, "Next" 버튼 클릭한다.

〈그림 4〉

〈그림 5〉와 같이 "API 15: Android 4.0.3(IcecreamSandwich)"를 선택한 다음, "Next" 버튼을 2번 연속 클릭한다. 이어서, "Finish" 버튼을 클릭한다.

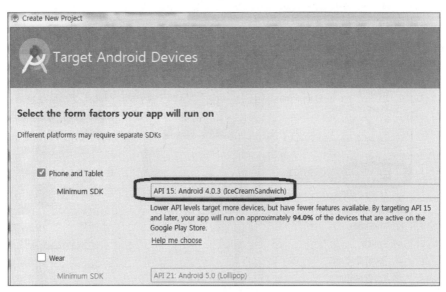

〈그림 5〉

〈그림 6〉과 같이 "activity_main.xml" 파일에 있는 "TextView"를 클릭한 다음, "Delete" 키를 눌러 삭제한다.

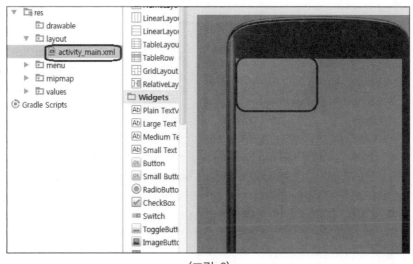

〈그림 6〉

〈그림 7〉과 같이 "Button"을 작성한다.

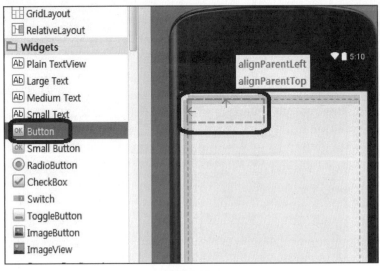

〈그림 7〉

방금 작성된 "Button"을 더블 클릭한 다음, 〈그림 8〉과 같이 "text:" 위치에 "image upload"라고 입력한다. 이어서, "textSize"는 "30dp"로 입력한다.

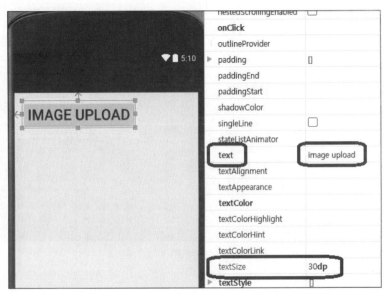

〈그림 8〉

〈그림 9〉와 같이 "onClick" 속성을 클릭한 다음, 오른쪽에 "onClick"이라고 입력한다.

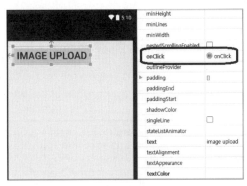

〈그림 9〉

〈그림 10〉과 같이 "Plain Text"를 하나 작성한다.

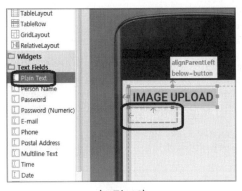

〈그림 10〉

〈그림 11〉과 같이 "textSize"에 "20dp", "width"에 "350dp"라고 입력한다.

〈그림 11〉

〈그림 12〉와 같이 "MainActivity"를 더블 클릭 한 다음, 코드를 입력한다. 코드 〈String
url1 = "http://xxx.xxx.xxx.xxx/ImgSend.php";〉에서 xxx부분은 자신의 IP주소를 직접
입력한다.

```java
public class MainActivity extends AppCompatActivity
        implements View.OnClickListener {
    String dir1 = Environment.
            getExternalStorageDirectory().getPath();
    final String dir2 = dir1 + "/DCIM/Camera/";
    final String fname = "20160719_030553.jpg";
    /* 자신의 스마트폰 내의 그림 파일 지정. 저자의 경우, 컴퓨터\SHV-E250S
       \Phone\DCIM\Camera 폴더 아래에 있는 그림 파일임. **/

    String url1 = "http://xxx.xxx.xxx.xxx/ImgSend.php"; //자신의 IP
    EditText et;
    Button btn;
    atask at;
    URL url;
    @Override
    protected void onCreate(Bundle savedInstanceState) {
        super.onCreate(savedInstanceState);
        setContentView(R.layout.activity_main);
        et = (EditText)findViewById(R.id.editText);
        btn = (Button)findViewById(R.id.button);
        btn.setOnClickListener(this);
        et.setText(dir2);
    }
```

〈그림 12〉

입력된 코드는 다음과 같다.

```java
public class MainActivity extends AppCompatActivity
        implements View.OnClickListener {
    String dir1 = Environment.
            getExternalStorageDirectory().getPath();
    final String dir2 = dir1 + "/DCIM/Camera/";
    final String fname = "20160719_030553.jpg";
    /* 자신의 스마트폰 내의 그림 파일 지정. 저자의 경우, 컴퓨터\SHV-E250S
       \Phone\DCIM\Camera 폴더 아래에 있는 그림 파일임. **/

    String url1 = "http://xxx.xxx.xxx.xxx/ImgSend.php"; //자신의 IP
    EditText et;
```

```
Button btn;
atask at;
URL url;
@Override
protected void onCreate(Bundle savedInstanceState) {
    super.onCreate(savedInstanceState);
    setContentView(R.layout.activity_main);
    et = (EditText)findViewById(R.id.editText);
    btn = (Button)findViewById(R.id.button);
    btn.setOnClickListener(this);
    et.setText(dir2);
}
```

〈그림 13〉과 같이 코드를 작성한다.

```
public void onClick(View v){
    at = new atask();
    at.execute(dir2 + fname); //카메라 응용을 통해 찍은 사진 파일의 전체 경로
}
private class atask extends AsyncTask<String, String, String> {
    @Override
    protected String doInBackground(String... URI) {
        String imgPath = URI[0]; //imgPath(사진 파일의 전체 경로)
        DataOutputStream os = null;
        String border = "#";
        String two = "--";
        String nl = "\n";
        byte[] buf = null;
        int bufSz = 1024 * 1024, ret=0;
        File imgFile = new File(imgPath);
        if (imgFile.isFile()) {
            try {
                FileInputStream fis = new FileInputStream(imgFile);
                url = new URL(url1);
                HttpURLConnection conn =
                        (HttpURLConnection) url.openConnection();
                conn.setDoOutput(true);
```

〈그림 13〉

입력된 코드는 다음과 같다.

```
public void onClick(View v){
 at = new atask();
 at.execute(dir2 + fname); //카메라 응용을 통해 찍은 사진파일의 전체 경로
}
private class atask extends AsyncTask<String, String, String> {
 @Override
 protected String doInBackground(String... URI) {
 String imgPath = URI[0]; //imgPath(사진 파일의 전체 경로)
 DataOutputStream os = null;
 String border = "#";
 String two = "--";
 String nl = "\n";
 byte[] buf = null;
 int bufSz = 1024 * 1024, ret=0;
 File imgFile = new File(imgPath);
 if (imgFile.isFile()) {
 try {  FileInputStream fis = new FileInputStream(imgFile);
       url = new URL(url1);
       HttpURLConnection conn = (HttpURLConnection)url.openConnection();
       conn.setDoOutput(true);
```

〈그림 14〉와 같이 추가로 작성한다.

```
           conn.setRequestProperty("Content-Type",
               "multipart/form-data;boundary=" + border);
       os = new DataOutputStream(conn.getOutputStream());
       os.writeBytes(two + border + nl);
       os.writeBytes("Content-Disposition: form-data; " +
               "name=\"phone\";filename=\"" + imgPath + "\"" + nl);
       os.writeBytes(nl);
       do {
           if (buf == null) buf = new byte[bufSz];
           ret = fis.read(buf, 0, bufSz); //fis(그림파일 입력)
           os.write(buf, 0, bufSz); //os(php에 전달하여 그림파일 출력)
       } while (ret > 0);
       os.writeBytes(nl + two + border + two + nl); //--#    --#--
       conn.getResponseCode();
       fis.close();
       os.close();
     } catch (Exception ex) { ex.printStackTrace(); }
   }
   return "=> imgUploading OK";
}
protected void onPostExecute(String str){      |
   et.append(str);
}}}
```

〈그림 14〉

추가로 입력된 코드는 다음과 같다.

```
conn.setRequestProperty("Content-Type", "multipart/form-data;boundary="
  + border);
os = new DataOutputStream(conn.getOutputStream());
os.writeBytes(two + border + nl);
os.writeBytes("Content-Disposition: form-data; name=\"phone\";filename
          =\"" + imgPath + "\"" + nl);
os.writeBytes(nl);

do {
  if (buf == null) buf = new byte[bufSz];
  ret = fis.read(buf, 0, bufSz); //fis(그림파일 입력)
  os.write(buf, 0, bufSz); //os(php에 전달하여 그림파일 출력)
} while (ret> 0);

os.writeBytes(nl + two + border + two + nl);  //--#   --#--
conn.getResponseCode();
fis.close();
os.close();

} catch (Exception ex) { ex.printStackTrace(); }
}

 return "=> imgUploading OK";
}

protected void onPostExecute(String str){
 et.append(str); //et.setText(str);
}
}
}
```

〈그림 15〉와 같이 "AndroidManifest.xml" 파일을 열어 코드를 추가한다.

<manifest xmlns:android="http://schemas.android.com/apk/re
    package="com.example.jhlee.imgupload" >

    <uses-permission android:name=
        "android.permission.INTERNET"/>
    <uses-permission android:name=
        "android.permission.ACCESS_NETWORK_STATE"/>
    <uses-permission android:name=
        "android.permission.WRITE_EXTERNAL_STORAGE"/>

    <application
        android:allowBackup="true"

〈그림 15〉

입력된 코드는 다음과 같다.

```
<uses-permission android:name=
      "android.permission.INTERNET"/>

<uses-permission android:name=
      "android.permission.ACCESS_NETWORK_STATE"/>

<uses-permission android:name=
      "android.permission.WRITE_EXTERNAL_STORAGE"/>
```

〈그림 16〉과 같이 두 번째 "build.gradle"를 더블 클릭 한 다음, 이전의 내용은 주석처리 하고 수정된 내용으로 입력한다.

```
dependencies {

    compile fileTree(dir: 'libs', include: ['*.jar'])
//compile 'com.android.support:appcompat-v7:24.0.0-alpha1'
    compile 'com.android.support:appcompat-v7:23+'

}
```

〈그림 16〉

입력된 코드는 다음과 같다.

```
//compile 'com.android.support:appcompat-v7:24.0.0-alpha1' //주석처리
compile 'com.android.support:appcompat-v7:23+' //새로 추가
```

〈그림 17〉과 같이 실행 아이콘을 클릭하여 실행한다.

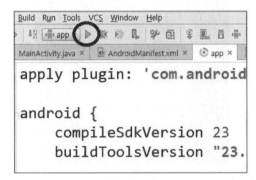

〈그림 17〉

〈그림 18〉과 같이 "실행하고자 하는 스마트 폰(자신의 스마트 폰)"을 선택하고 "OK" 버튼을 클릭한다.

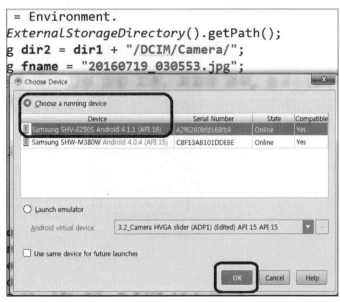

〈그림 18〉

실행 결과는 〈그림 19〉과 같으며, "IMAGE UPLOAD" 버튼을 클릭한다.

〈그림 19〉

실행 결과는 〈그림 20〉과 같이 해당 그림 파일이 서버에 전송된다.

〈그림 20〉

이상으로 5장의 실습을 마친다.

CHAPTER 06

데이터베이스에
이미지를 업로드하기

ANDROID

데이터베이스에 이미지를 업로드하기

이번 장에서는 스마트 폰에 있는 이미지를 서버의 데이터베이스에 저장하는 방법을 알아본다. 서버에 이미지를 전송하기위해서는 안드로이드 쪽에서 전송하기위한 코드와 PHP 쪽에서 전송 받아 처리하기 위한 코드가 완성되어야 한다. 먼저, 이미지를 저장할 데이터베이스를 만든 다음, 이미지를 업로드하고 데이터베이스에 삽입하기 위한 PHP 코드를 작성한다. 이어서, 서버에 이미지를 업로드하기 위한 안드로이드 프로젝트를 작성하여 사진 이미지를 서버에 전송해본다.

6.1 데이터베이스 만들기(MySQL 버전)

이번 절의 실습은 이전 장들(3장이나 4장)에서 "imgdb" 데이터베이스와 "imgtbl"을 만들지 않았다고 가정하고 시작하기로 한다. 만약 이전 장들에서 이런 데이터베이스와 테이블을 만들었다면, "imgdb" 데이터베이스를 삭제하고 〈그림 1〉부터 시작하면 된다. 또 다른 방법으로는 6.1절의 〈그림 10〉까지는 생략하고 〈그림 11〉부터 실습하면 된다.

이렇게 하는 이유는 새로운 데이터베이스와 테이블을 만들면 관련된 PHP와 Android 프로젝트 코드를 수정해야 한다. 또한 새로운 db와 테이블 명에 독자들이 적응하는 데에도 시간이 소요되기 때문에 가능하면 같은 이름을 이용해서 코딩해주었다.

먼저, MySQL을 이용해 데이터베이스와 테이블을 만들기 위해 〈그림 1〉과 같이 "http://localhost/myadmin/"에서 사용자명과 암호를 입력하여 데이터베이스에 접속한다.

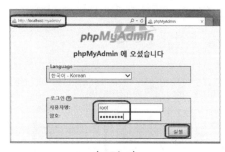

〈그림 1〉

〈그림 2〉와 같이 "imgdb"라고 입력하고 "만들기" 버튼을 클릭한다.

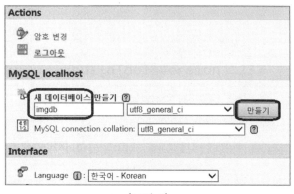

〈그림 2〉

〈그림 3〉과 같이 "imgtbl"이라고 입력한 다음, "Number of fields"에 "2"라고 입력한다. 이어서, "실행" 버튼을 클릭한다.

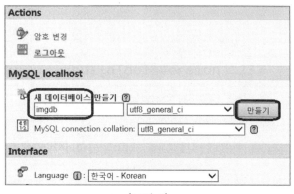

〈그림 3〉

〈그림 4〉와 같이 "id, VARCHAR, 10"와 "img, VARCHAR, 10"이라고 입력한 다음, 화면 가장 아래쪽의 "저장" 버튼을 클릭한다.

〈그림 4〉

〈그림 5〉와 같이 "삽입" 버튼을 클릭한다.

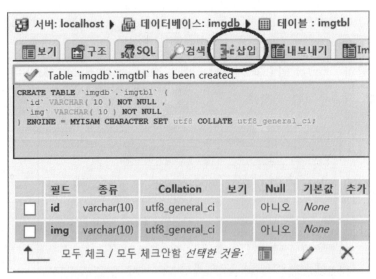

〈그림 5〉

〈그림 6〉과 같이 "A"와 "a.jpg"라고 입력하고 "실행" 버튼을 클릭한다.

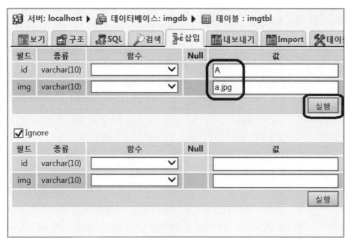

〈그림 6〉

〈그림 7〉과 같이 "삽입" 버튼을 클릭한다.

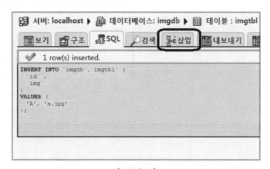

〈그림 7〉

〈그림 8〉과 같이 "B"와 "b.jpg"라고 입력하고 "실행" 버튼을 클릭한다.

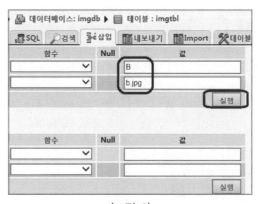

〈그림 8〉

〈그림 9〉와 같이 "보기" 버튼을 클릭한다.

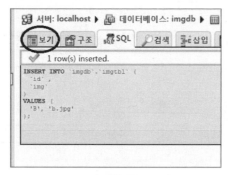

〈그림 9〉

지금까지 데이터베이스에 작성된 내용은 〈그림 10〉과 같다.

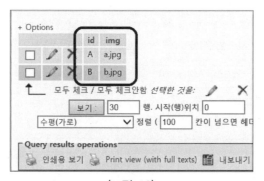

〈그림 10〉

〈그림 11〉과 같이 "구조" 버튼을 클릭한다.

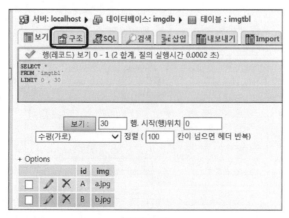

〈그림 11〉

〈그림 12〉와 같이 "img" 필드 오른쪽에 있는 연필모양의 "변경" 버튼을 클릭한다.

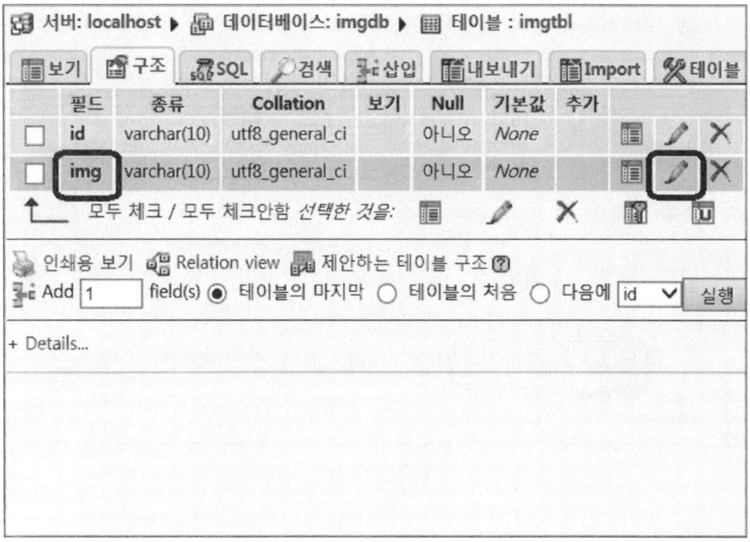

〈그림 12〉

〈그림 13〉과 같이 "길이/값"에 "20"이라고 수정한 다음, 화면 오른쪽에 있는 "저장" 버튼을 클릭한다.

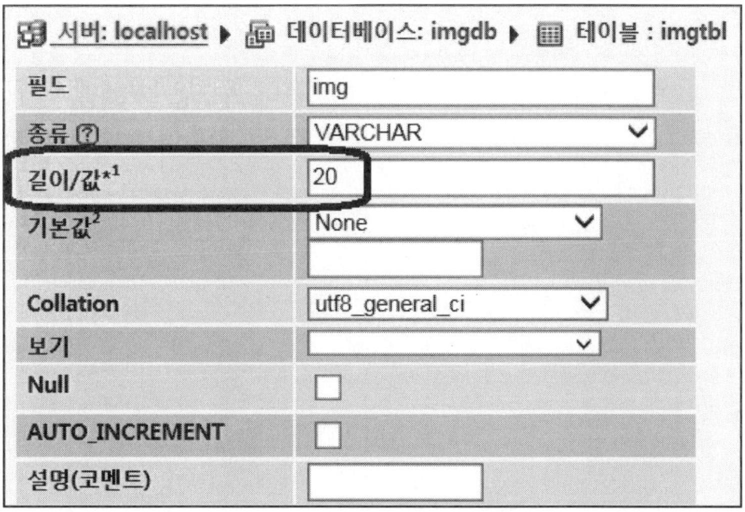

〈그림 13〉

실행 결과는 〈그림 14〉와 같다.

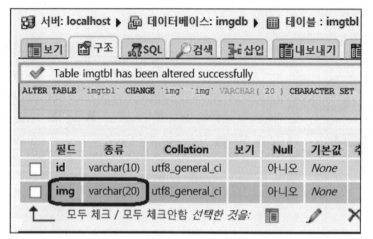

〈그림 14〉

이상으로 실습을 마친다.

6.2 이미지를 저장하기위한 PHP 코드 작성하기

〈그림 15〉와 같이 코드를 작성한다. 참고로, 앞장에서 작성하였던 "ImgSend. php"를 수정하여 사용하면 편리하다.

```
ImgSend - 메모장
파일(F) 편집(E) 서식(O) 보기(V) 도움말(H)
<?php

$loc = "phonefile/";
$loc = $loc.basename( $_FILES['phone']['name']);
if(move_uploaded_file($_FILES['phone']['tmp_name'], $loc))
{
    echo "success";
}
else
{
    echo "fail";
}

$imgName = basename( $_FILES['phone']['name']);

$con=mysql_connect("localhost", "root", "apmsetup");
mysql_select_db("imgdb", $con);

$id = "C";
$sql = "insert into imgtbl(id, img) values('$id', '$imgName')";

mysql_query($sql, $con);
mysql_close();

?>
```

〈그림 15〉

작성된 코드는 다음과 같다.

```
<?php

$loc = "phonefile/";
$loc = $loc.basename($_FILES['phone']['name']);
if(move_uploaded_file($_FILES['phone']['tmp_name'], $loc))
{
    echo "success";
}
else
```

```
{
    echo "fail";
}

$imgName = basename($_FILES['phone']['name']);

$con=mysql_connect("localhost", "root", "apmsetup");
mysql_select_db("imgdb", $con);

$id = "C";
$sql = "insert into imgtbl(id, img) values('$id', '$imgName')";

mysql_query($sql, $con);
mysql_close();

?>
```

〈그림 16〉과 같이 "C:\APM_Setup\htdocs" 폴더 아래에 "DbImgSend.php"라고 저장한다(%주의: 저장할 때, 인코딩(E)은 ANSI 형식으로 저장)

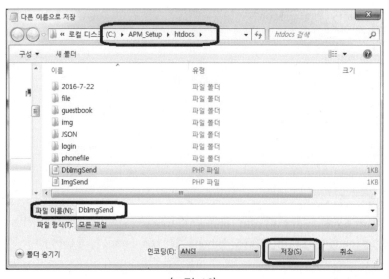

〈그림 16〉

이상으로 PHP 코드의 작성을 마친다.

6.3 서버 데이터베이스에 이미지를 업로드하기

〈그림 17〉과 같이 "C:\APM_Setup\htdocs" 아래에 phonefile 이라는 폴더를 만든다.

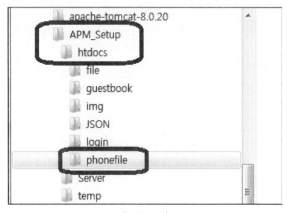

〈그림 17〉

안드로이드 스튜디오를 실행시킨다. 〈그림 18〉과 같이 "DbImgUpload"라고 입력한 다음,
"Next" 버튼 클릭한다.

〈그림 18〉

〈그림 19〉와 같이 "API 15: Android 4.0.3(IcecreamSandwich)"를 선택한 다음, "Next" 버튼을 2번 연속 클릭한다. 이어서, "Finish" 버튼을 클릭한다.

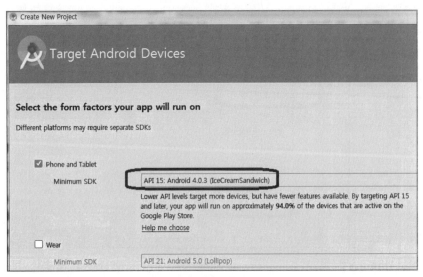

〈그림 19〉

〈그림 20〉과 같이 "activity_main.xml" 파일에 있는 "TextView"를 클릭한 다음, "Delete" 키를 눌러 삭제한다.

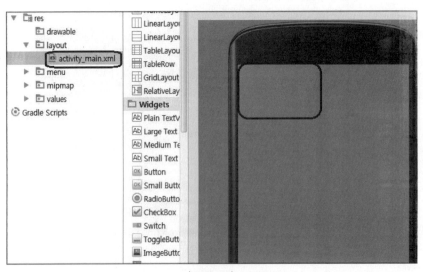

〈그림 20〉

〈그림 21〉과 같이 "Button"을 작성한다.

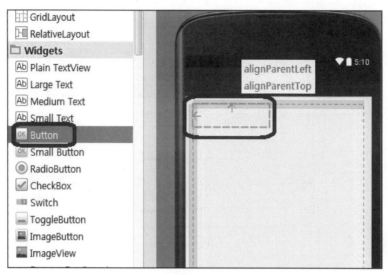

〈그림 21〉

방금 작성된 "Button"을 더블 클릭한 다음, 〈그림 22〉와 같이 "text:" 위치에 "image upload"라고 입력한다. 이어서, "textSize"는 "30dp"로 입력한다.

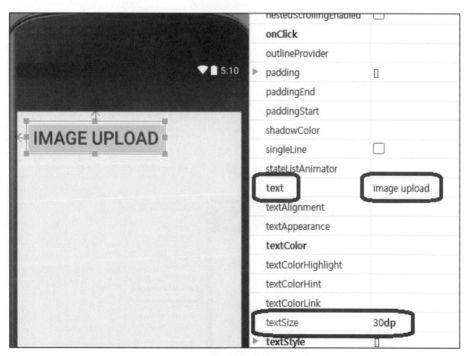

〈그림 22〉

〈그림 23〉과 같이 "onClick" 속성을 클릭한 다음, 오른쪽에 "onClick"이라고 입력한다.

〈그림 23〉

〈그림 24〉과 같이 "Plain Text"를 하나 작성한다.

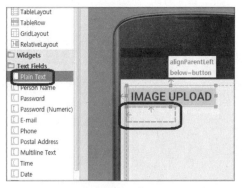

〈그림 24〉

〈그림 25〉와 같이 "textSize"에 "20dp", "width"에 "350dp"라고 입력한다.

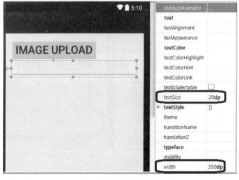

〈그림 25〉

〈그림 26〉과 같이 "MainActivity"를 더블 클릭 한 다음, 코드를 입력한다. 코드 〈String url1 = "http://xxx.xxx.xxx.xxx/DbImgSend.php";〉에서 xxx부분은 자신의 IP주소를 직접 입력한다.

```java
public class MainActivity extends AppCompatActivity
        implements View.OnClickListener {
    String dir1 = Environment.getExternalStorageDirectory().getPath();
    final String dir2 = dir1 + "/DCIM/Camera/";
    final String fname = "20160719_030553.jpg";
    //자신의 스마트폰 내의 그림 파일 지정. 저자의 경우, 컴퓨터\SHV-E250S\Phone\DCIM\Camera
    String url1 = "http://xxx.xxx.xxx.xxx/DbImgSend.php"; //자신의 IP
    EditText et;
    Button btn;
    atask at;
    URL url;
    @Override
    protected void onCreate(Bundle savedInstanceState) {
        super.onCreate(savedInstanceState);
        setContentView(R.layout.activity_main);
        et = (EditText)findViewById(R.id.editText);
        btn = (Button)findViewById(R.id.button);
        btn.setOnClickListener(this);
        et.setText(dir2);
    }
}
```

〈그림 26〉

입력된 코드는 다음과 같다.

```java
public class MainActivity extends AppCompatActivity
        implements View.OnClickListener {
    String dir1 = Environment.
            getExternalStorageDirectory().getPath();
    final String dir2 = dir1 + "/DCIM/Camera/";
    final String fname = "20160719_030553.jpg";
 /* 자신의 스마트폰 내의 그림 파일 지정. 저자의 경우, 컴퓨터\SHV-E250S
    \Phone\DCIM\Camera 폴더 아래에 있는 그림 파일임. **/

    String url1 = "http://xxx.xxx.xxx.xxx/DbImgSend.php"; //자신의 IP
    EditText et;
    Button btn;
    atask at;
    URL url;
```

```java
@Override
protected void onCreate(Bundle savedInstanceState) {
    super.onCreate(savedInstanceState);
    setContentView(R.layout.activity_main);
    et = (EditText)findViewById(R.id.editText);
    btn = (Button)findViewById(R.id.button);
    btn.setOnClickListener(this);
    et.setText(dir2);
}
```

〈그림 27〉과 같이 코드를 작성한다.

```java
public void onClick(View v){
    at = new atask();
    at.execute(dir2 + fname); //카메라 응용을 통해 찍은 사진 파일의 전체 경로
}
private class atask extends AsyncTask<String, String, String> {
    @Override
    protected String doInBackground(String... URI) {
        String imgPath = URI[0]; //imgPath(사진 파일의 전체 경로)
        DataOutputStream os = null;
        String border = "#";
        String two = "--";
        String nl = "\n";
        byte[] buf = null;
        int bufSz = 1024 * 1024, ret=0;
        File imgFile = new File(imgPath);
        if (imgFile.isFile()) {
            try {
                FileInputStream fis = new FileInputStream(imgFile);
                url = new URL(url1);
                HttpURLConnection conn =
                        (HttpURLConnection) url.openConnection();
                conn.setDoOutput(true);
```

〈그림 27〉

입력된 코드는 다음과 같다.

```java
public void onClick(View v){
 at = new atask();
 at.execute(dir2 + fname); //카메라 응용을 통해 찍은 사진파일의 전체 경로
}
```

```
private class atask extends AsyncTask<String, String, String> {
@Override
protected String doInBackground(String... URI) {
String imgPath = URI[0]; //imgPath(사진 파일의 전체 경로)
DataOutputStream os = null;
String border = "#";
String two = "--";
String nl = "\n";
byte[] buf = null;
int bufSz = 1024 * 1024, ret=0;
File imgFile = new File(imgPath);
if (imgFile.isFile()) {
try {  FileInputStream fis = new FileInputStream(imgFile);
        url = new URL(url1);
        HttpURLConnection conn = (HttpURLConnection)url.openConnection();
        conn.setDoOutput(true);
```

〈그림 28〉과 같이 추가로 작성한다.

```
                conn.setRequestProperty("Content-Type",
                        "multipart/form-data;boundary=" + border);
                os = new DataOutputStream(conn.getOutputStream());
                os.writeBytes(two + border + nl);
                os.writeBytes("Content-Disposition: form-data; " +
                        "name=\"phone\";filename=\"" + imgPath + "\"" + nl);
                os.writeBytes(nl);
                do {
                    if (buf == null) buf = new byte[bufSz];
                    ret = fis.read(buf, 0, bufSz); //fis(그림파일 입력)
                    os.write(buf, 0, bufSz); //os(php에 전달하여 그림파일 출력)
                } while (ret > 0);
                os.writeBytes(nl + two + border + two + nl); //--#   --#--
                conn.getResponseCode();
                fis.close();
                os.close();
            } catch (Exception ex) { ex.printStackTrace(); }
        }
    return "=> imgUploading OK";
}
protected void onPostExecute(String str){     |
    et.append(str);
}}}
```

〈그림 28〉

추가로 입력된 코드는 다음과 같다.

```
conn.setRequestProperty("Content-Type", "multipart/form-data;boundary="
  + border);
os = new DataOutputStream(conn.getOutputStream());
os.writeBytes(two + border + nl);
os.writeBytes("Content-Disposition: form-data; name=\"phone\";filename
            =\"" + imgPath + "\"" + nl);
os.writeBytes(nl);
do {
   if (buf == null) buf = new byte[bufSz];
   ret = fis.read(buf, 0, bufSz); //fis(그림파일 입력)
   os.write(buf, 0, bufSz); //os(php에 전달하여 그림파일 출력)
} while (ret> 0);
os.writeBytes(nl + two + border + two + nl);  //--#   --#--
conn.getResponseCode();
fis.close();
os.close();
} catch (Exception ex) { ex.printStackTrace(); }
}
 return "=> imgUploading OK";
}
protected void onPostExecute(String str){
 et.append(str); //et.setText(str);
}
}
}
```

〈그림 29〉와 같이 "AndroidManifest.xml" 파일을 열어 코드를 추가한다.

```
<uses-permission android:name=
    "android.permission.INTERNET"/>
<uses-permission android:name=
    "android.permission.ACCESS_NETWORK_STATE"/>
<uses-permission android:name=
    "android.permission.WRITE_EXTERNAL_STORAGE"/>

<application
    android:allowBackup="true"
```

〈그림 29〉

입력된 코드는 다음과 같다.

```
<uses-permission android:name=
        "android.permission.INTERNET"/>
<uses-permission android:name=
        "android.permission.ACCESS_NETWORK_STATE"/>
<uses-permission android:name=
        "android.permission.WRITE_EXTERNAL_STORAGE"/>
```

〈그림 30〉과 같이 두 번째 "build.gradle"를 더블 클릭 한 다음, 이전의 내용은 주석처리 하고 수정된 내용으로 입력한다.

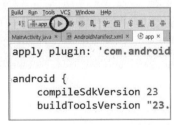

〈그림 30〉

입력된 코드는 다음과 같다.

```
//compile 'com.android.support:appcompat-v7:24.0.0-alpha1' //주석처리
compile 'com.android.support:appcompat-v7:23+' //새로 추가
```

〈그림 31〉과 같이 실행 아이콘을 클릭하여 실행한다.

〈그림 31〉

〈그림 32〉와 같이 "실행하고자 하는 스마트 폰(자신의 스마트 폰)"을 선택하고 "OK" 버튼
을 클릭한다.

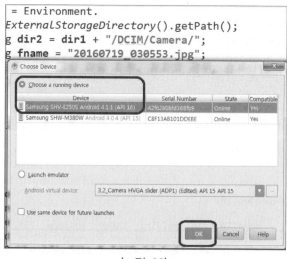

〈그림 32〉

실행 결과는 〈그림 33〉과 같으며, "IMAGE UPLOAD" 버튼을 클릭한다.

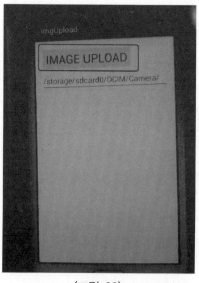

〈그림 33〉

실행 결과는 〈그림 34〉와 같이 해당 그림 파일이 서버에 전송된다.

〈그림 34〉

또한, 〈그림 35〉와 같이 해당 그림 파일이 데이터베이스에 저장되었음을 알 수 있다.

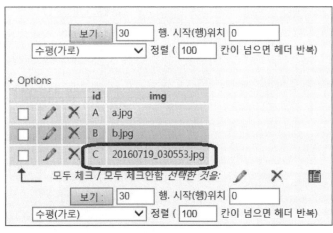

〈그림 35〉

이상으로 6장의 실습을 마친다.

CHAPTER 07

카메라를 이용하여
이미지를 촬영하기

7.1 카메라를 이용하여 이미지를 촬영하기

카메라를 이용하여 이미지를 촬영하기

이번 장에서는 카메라를 이용하여 이미지를 촬영하고 촬영된 이미지를 화면에 출력하는 방법을 알아본다. 카메라를 이용하는 방법은 크게 두 가지가 있다. 카메라의 프리뷰 기능 등 카메라에 관한 설정을 구체적으로 직접 변경하여 사용하는 방법과 스마트 폰에서 제공되는 기본 카메라 응용을 호출하여 사용하는 방법이 있다. 이 책에서는 기본으로 제공되는 카메라 응용을 사용하는 방법을 실습하기로 한다.

7.1 카메라를 이용하여 이미지를 촬영하기

안드로이드 스튜디오를 실행시킨다. 〈그림 1〉과 같이 "TakePic"이라고 입력한 다음, "Next" 버튼 클릭한다.

〈그림 1〉

〈그림 2〉와 같이 "API 15: Android 4.0.3(IcecreamSandwich)"를 선택한 다음, "Next" 버튼을 2번 연속 클릭한다. 이어서, "Finish" 버튼을 클릭한다.

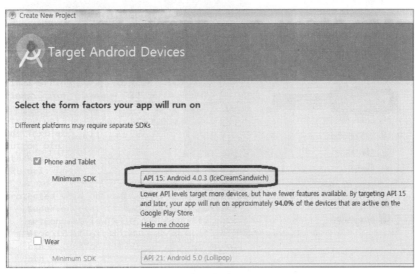

〈그림 2〉

〈그림 3〉과 같이 "activity_main.xml" 파일에 있는 "TextView"를 클릭한 다음, "Delete" 키를 눌러 삭제한다.

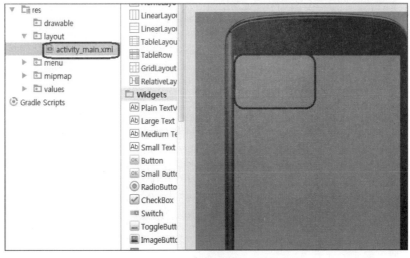

〈그림 3〉

〈그림 4〉와 같이 "Button"을 작성한다.

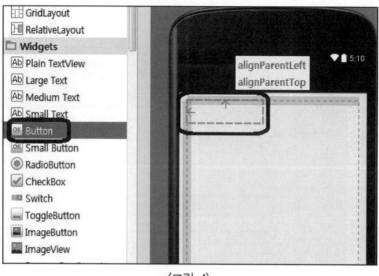

〈그림 4〉

방금 작성된 "Button"을 더블 클릭한 다음, 〈그림 5〉와 같이 "text:" 위치에 "Take Picture"라고 입력한다. 이어서, "id"는 "btn1", "textSize"는 "20dp"로 입력한다.

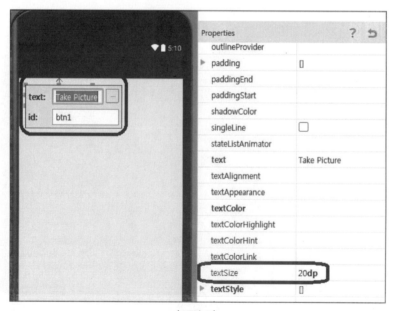

〈그림 5〉

〈그림 6〉과 같이 "onClick" 속성을 클릭한 다음, 오른쪽에 "onClick"이라고 입력한다.

〈그림 6〉

〈그림 7〉과 같이 "Button"을 하나 더 작성한다.

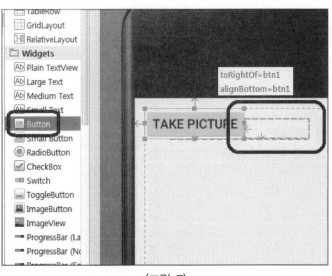

〈그림 7〉

방금 작성된 "Button"을 더블 클릭한 다음, 〈그림 8〉과 같이 "text:" 위치에 "Display"라고 입력한다. 이어서, "id"는 "btn2", "textSize"는 "20dp"로 입력한다.

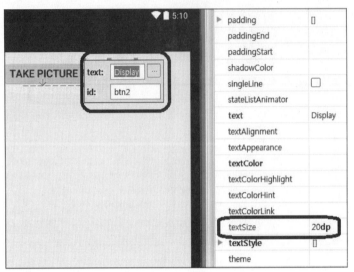

〈그림 8〉

〈그림 9〉와 같이 "onClick" 속성을 클릭한 다음, 오른쪽에 "onClick"이라고 입력한다.

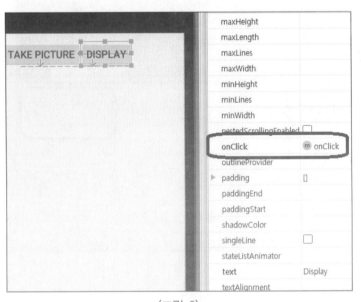

〈그림 9〉

〈그림 10〉과 같이 "ImageView"를 작성한다.

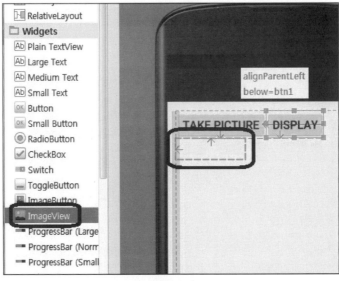

〈그림 10〉

방금 작성된 "ImageView"을 클릭한 다음, 〈그림 11〉과 같이 "layout:width"와 "layout:
height" 위치에 "match_parent"를 선택한다.

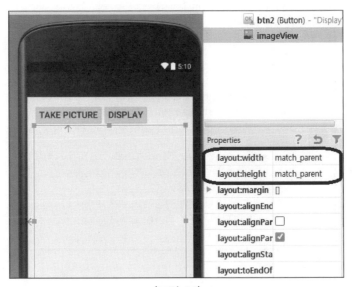

〈그림 11〉

"ImageView"을 더블 클릭한 다음, 〈그림 12〉와 같이 "id:" 위치에 "iv1"이라고 입력한다.

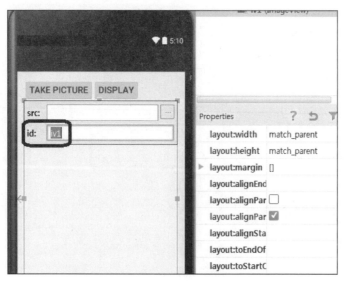

〈그림 12〉

〈그림 13〉과 같이 "MainActivity"를 더블 클릭 한 다음, 코드를 입력한다.

```java
public class MainActivity extends AppCompatActivity {
    private static final int img = 0;
    ImageView iv;
    File file;
    Uri uri;
    BitmapFactory.Options opt;
    @Override
    protected void onCreate(Bundle savedInstanceState) {
        super.onCreate(savedInstanceState);
        setContentView(R.layout.activity_main);

        iv = (ImageView) findViewById(R.id.iv1);
        file = new File("/sdcard/image_01.jpg");
        uri = Uri.fromFile(file);
        opt = new BitmapFactory.Options();
        opt.inSampleSize = 2;
    }
```

〈그림 13〉

입력된 코드는 다음과 같다.

```java
public class MainActivity extends AppCompatActivity {
    private static final int img = 0;
    ImageView iv;
    File file;
    Uri uri;
    BitmapFactory.Options opt;
    @Override
    protected void onCreate(Bundle savedInstanceState) {
        super.onCreate(savedInstanceState);
        setContentView(R.layout.activity_main);

        iv = (ImageView) findViewById(R.id.iv1);
        file = new File("/sdcard/image_01.jpg");
        uri = Uri.fromFile(file);
        opt = new BitmapFactory.Options();
        opt.inSampleSize = 2;
    }
```

〈그림 14〉와 같이 추가로 코드를 작성한다.

```java
public void onClick(View v) {
    if (v.getId() == R.id.btn1) {
        Intent i = new Intent(android.
                provider.MediaStore.ACTION_IMAGE_CAPTURE);
        i.putExtra(android.provider.MediaStore.EXTRA_OUTPUT, uri);
        startActivityForResult(i, img);
    }else if (v.getId() == R.id.btn2) {
        Bitmap bm1 = BitmapFactory.decodeFile
                (file.getAbsolutePath(), opt);
        iv.setImageBitmap(bm1);
    }
}
@Override
public void onActivityResult(int request_code,
                             int    result_code, Intent data)
{
    if(request_code == img && result_code == RESULT_OK) {
        onClick(findViewById(R.id.btn2));
    }
}
```

〈그림 14〉

추가로 입력된 코드는 다음과 같다.

```
public void onClick(View v) {
if (v.getId() == R.id.btn1) {
 Intent i = new Intent(android.
                provider.MediaStore.ACTION_IMAGE_CAPTURE);
 i.putExtra(android.provider.MediaStore.EXTRA_OUTPUT, uri);
 startActivityForResult(i, img);
}else if (v.getId() == R.id.btn2) {
 Bitmap bm1 = BitmapFactory.decodeFile
        (file.getAbsolutePath(), opt);
 iv.setImageBitmap(bm1);
 }
}
@Override
public void onActivityResult(int request_code,
                        int       result_code, Intent data)
{
 if(request_code == img && result_code == RESULT_OK) {
  onClick(findViewById(R.id.btn2));
 }
}
```

〈그림 15〉와 같이 "AndroidManifest.xml" 파일을 열어 코드를 추가한다.

〈그림 15〉

입력된 코드는 다음과 같다.

```
<uses-permission android:name="android.permission.
    WRITE_EXTERNAL_STORAGE"></uses-permission>
<uses-permission android:name="android.permission.
    CAMERA"></uses-permission>
```

〈그림 16〉과 같이 두 번째 "build.gradle"를 더블 클릭 한 다음, 이전의 내용은 주석처리하고 수정된 내용으로 입력한다.

〈그림 16〉

입력된 코드는 다음과 같다.

```
//compile 'com.android.support:appcompat-v7:24.0.0-alpha1' //주석처리
compile 'com.android.support:appcompat-v7:23+' //새로 추가
```

〈그림 17〉과 같이 실행 아이콘을 클릭하여 실행한다.

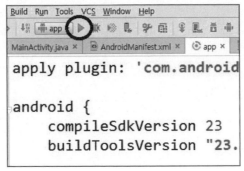

〈그림 17〉

〈그림 18〉과 같이 "실행하고자 하는 스마트 폰(자신의 스마트 폰)"을 선택하고 "OK" 버튼을 클릭한다.

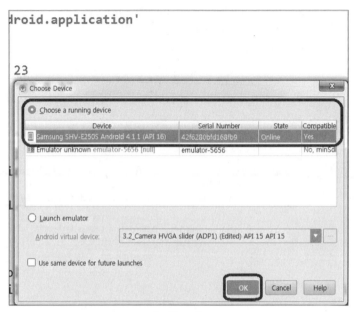

〈그림 18〉

실행 결과는 〈그림 19〉와 같으며, "Take Picture" 버튼을 클릭한다.

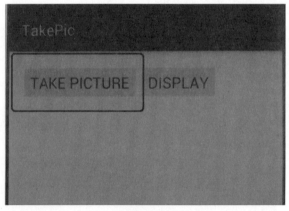

〈그림 19〉

카메라 응용이 실행되면 촬영하기 원하는 장면을 촬영한다. 저자가 촬영한 결과는 〈그림 20〉과 같으며, "저장" 버튼을 클릭한다.

〈그림 20〉

〈그림 21〉과 같이 "Display" 버튼을 클릭한다. 그림이 출력됨을 알 수 있다.

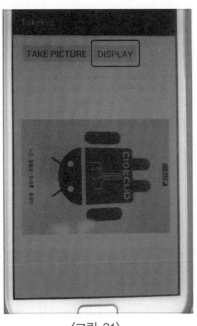

〈그림 21〉

카메라 촬영을 통해 생성된 이미지 파일(image_01.jpg)은 〈그림 22〉와 같이 스마트 폰의 "Phone" 폴더 바로 아래에 있다. (참고로, 이 파일의 확인을 위해서는 스마트 폰에서 USB 포트 연결선을 분리 했다가 다시 연결해야 확인이 가능하다.)

〈그림 22〉

스마트 폰을 이용해 실행할 수 없는 상황이라면, 〈그림 23〉과 같이 가상장치를 이용해 실행할 수도 있다. 그림과 같이 에뮬레이터(emulator)를 선택하고 "OK"를 클릭한다.

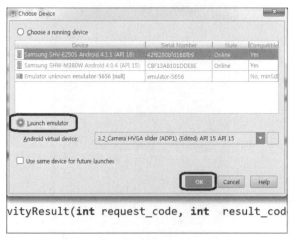

〈그림 23〉

〈그림 24〉와 같이 "Take Picture" 버튼을 클릭 한 다음, 가상 장치의 카메라 촬영을 한다.

150 졸업 작품 개발을 위한 **안드로이드 실무 프로그래밍**

〈그림 24〉

촬영 후 결과는 〈그림 25〉와 같다.

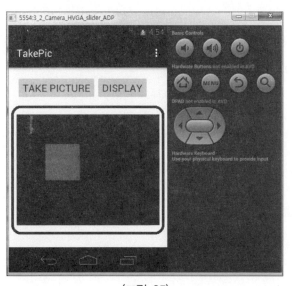
〈그림 25〉

이상으로 7장의 실습을 마친다.

서버에 카메라 이미지를 업로드하기

CHAPTER 08

서버에 카메라 이미지를 업로드 하기

ANDROID

이번 장에서는 카메라로 촬영한 이미지를 서버에 전송하는 방법을 알아본다. 먼저, 이미지를 업로드하기 위한 PHP 코드를 작성해본다. 이어서, 서버에 카메라 이미지를 업로드하기 위한 안드로이드 프로젝트를 작성하여 사진 이미지를 서버에 전송해본다. 이때 사용되는 카메라 촬영 방법은 7장에서 작성했던 폰에서 제공되는 응용을 이용한다. 물론 카메라 프리뷰 등의 설정을 제어하는 방법도 재미있지만, 본 서에서는 여러 단위 프로젝트를 결합해 실제로 작품을 만들 수 있는 최소한의 개념을 파악할 수 있도록 최대한 간단하게 설명하고자 한다.

8.1 이미지 업로드를 위한 PHP 코드 작성하기

〈그림 1〉과 같이 메모장에 코드를 작성한다.

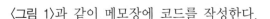

ImgSend - 메모장

파일(F) 편집(E) 서식(O) 보기(V) 도움말(H)

```
<?php
    $loc = "phonefile/";
    $loc = $loc.basename( $_FILES['phone']['name']);
    if(move_uploaded_file
           ($_FILES['phone']['tmp_name'], $loc))
    {
        echo "success";
    }
    else
    {
        echo "fail";
    }
?>
```

〈그림 1〉

작성된 코드는 다음과 같다.

```php
<?php

    $loc = "phonefile/";
    $loc = $loc.basename($_FILES['phone']['name']);
    if(move_uploaded_file
          ($_FILES['phone']['tmp_name'], $loc))
    {
        echo "success";
    }
    else
    {
        echo "fail";
    }

?>
```

〈그림 2〉와 같이 "C:\APM_Setup\htdocs" 폴더 아래에 "ImgSend.php"라고 저장한다(※ 주의: 저장할 때, 인코딩(E)은 ANSI 형식으로 저장)

〈그림 2〉

이상으로 PHP 코드의 작성을 마친다.

8.2 서버에 카메라 이미지를 업로드하기

〈그림 3〉과 같이 "C:\APM_Setup\htdocs" 아래에 phonefile 이라는 폴더를 만든다.

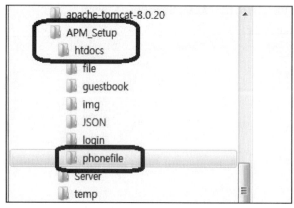

〈그림 3〉

안드로이드 스튜디오를 실행시킨다. 〈그림 4〉와 같이 "PicUpload"라고 입력한 다음, "Next" 버튼을 클릭한다.

〈그림 4〉

〈그림 5〉와 같이 "API 15: Android 4.0.3(IcecreamSandwich)"를 선택한 다음, "Next" 버튼을 2번 연속 클릭한다. 이어서, "Finish" 버튼을 클릭한다.

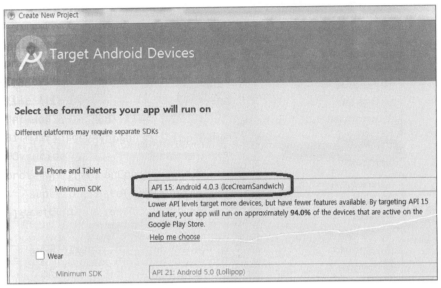

〈그림 5〉

〈그림 6〉과 같이 "activity_main.xml" 파일에 있는 "TextView"를 클릭한 다음, "Delete" 키를 눌러 삭제한다.

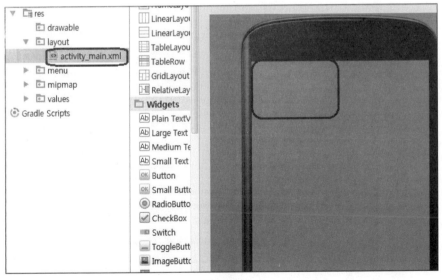

〈그림 6〉

〈그림 7〉과 같이 "Button"을 작성한다.

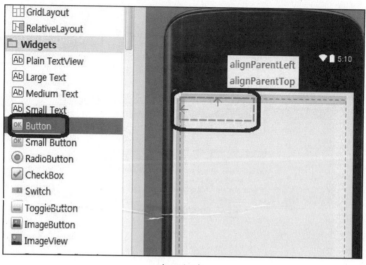

〈그림 7〉

방금 작성된 "Button"을 더블 클릭한 다음, 〈그림 8〉과 같이 "text:" 위치에 "Take Picture"라고 입력한다. 이어서, "id"는 "btn1", "textSize"는 "20dp"로 입력한다.

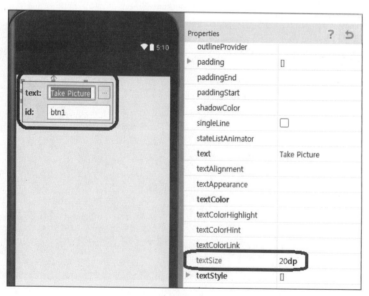

〈그림 8〉

〈그림 9〉과 같이 "onClick" 속성을 클릭한 다음, 오른쪽에 "onClick"이라고 입력한다.

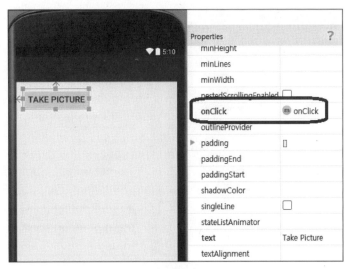

〈그림 9〉

〈그림 10〉과 같이 "Button"을 하나 더 작성한다.

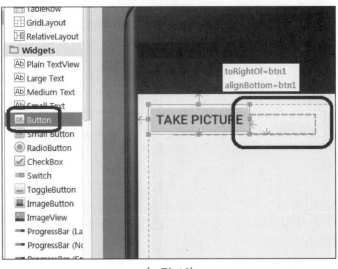

〈그림 10〉

방금 작성된 "Button"을 더블 클릭한 다음, 〈그림 11〉과 같이 "text:" 위치에 "Display"라고 입력한다. 이어서, "id"는 "btn2", "textSize"는 "20dp"로 입력한다.

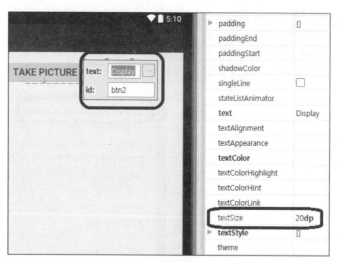

〈그림 11〉

〈그림 12〉와 같이 "onClick" 속성을 클릭한 다음, 오른쪽에 "onClick"이라고 입력한다.

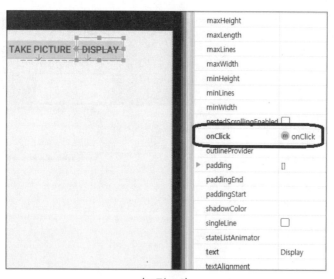

〈그림 12〉

〈그림 13〉과 같이 "Button"을 하나 더 작성한다.

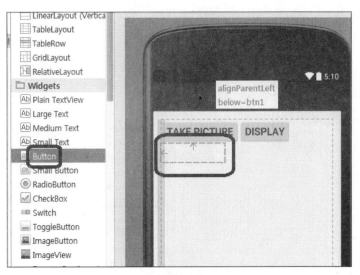

〈그림 13〉

방금 작성된 "Button"을 더블 클릭한 다음, 〈그림 14〉와 같이 "text:" 위치에 "image upload"라고 입력한다. 이어서, "id"는 "btn3", "textSize"는 "20dp"로 입력한다.

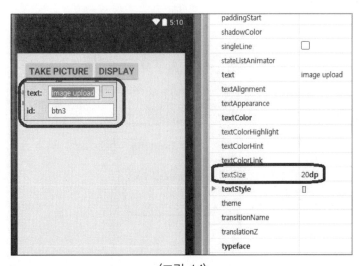

〈그림 14〉

〈그림 15〉와 같이 "onClick" 속성을 클릭한 다음, 오른쪽에 "onClick"이라고 입력한다.

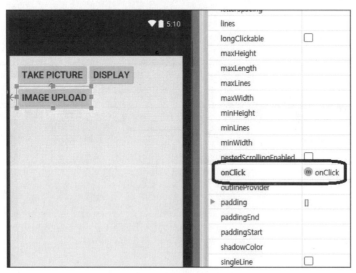

〈그림 15〉

〈그림 16〉과 같이 "Plain Text"를 하나 작성한다.

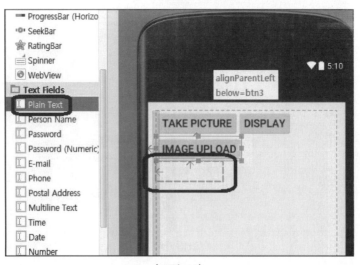

〈그림 16〉

〈그림 17〉과 같이 "layout:width"에 "match_parent"라고 입력한다. 이어서, "textSize"
에 "20dp"라고 입력한다.

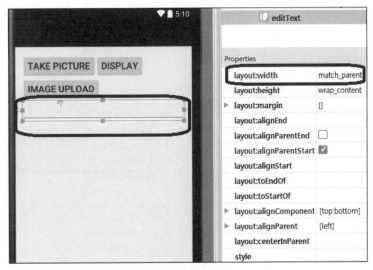

〈그림 17〉

〈그림 18〉과 같이 "ImageView"를 작성한다.

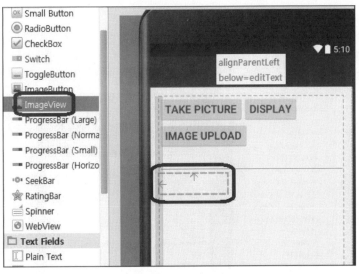

〈그림 18〉

방금 작성된 "ImageView"을 클릭한 다음, 〈그림 19〉와 같이 "layout:width"와 "layout:
height" 위치에 "match_parent"를 선택한다.

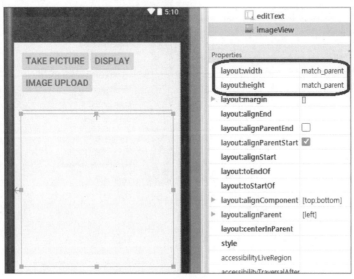

〈그림 19〉

"ImageView"을 더블 클릭한 다음, 〈그림 20〉과 같이 "id:" 위치에 "iv1"라고 입력한다.

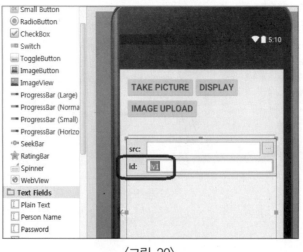

〈그림 20〉

〈그림 21〉과 같이 "MainActivity"를 더블 클릭 한 다음, 코드를 입력한다. 코드 〈String
url1 = "http://xxx.xxx.xxx.xxx/ImgSend.php";〉에서 xxx부분은 자신의 IP주소를 직접

입력한다.

```
public class MainActivity extends AppCompatActivity {
    private static final int img = 0;
    ImageView iv;
    File file;
    Uri uri;
    BitmapFactory.Options opt;
    String url1 = "http://xxx.xxx.xxx.xxx/ImgSend.php";
    EditText et;
    atask at;
    URL url;
    @Override
    protected void onCreate(Bundle savedInstanceState) {
        super.onCreate(savedInstanceState);
        setContentView(R.layout.activity_main);
        iv = (ImageView) findViewById(R.id.iv1);
        file = new File("/sdcard/pic01.jpg");
        uri = Uri.fromFile(file);
        opt = new BitmapFactory.Options();
        opt.inSampleSize = 2;
        et = (EditText)findViewById(R.id.editText);
        et.setText(file.toString());
    }
```

〈그림 21〉

입력된 코드는 다음과 같다.

```
public class MainActivity extends AppCompatActivity {

    private static final int img = 0;
    ImageView iv;
    File file;
    Uri uri;
    BitmapFactory.Options opt;
    String url1 = "http://xxx.xxx.xxx.xxx/ImgSend.php"; //자신의 IP
    EditText et;
    atask at;
    URL url;

    @Override
    protected void onCreate(Bundle savedInstanceState) {

        super.onCreate(savedInstanceState);
```

```
        setContentView(R.layout.activity_main);
        iv = (ImageView) findViewById(R.id.iv1);
        file = new File("/sdcard/pic01.jpg");
        uri = Uri.fromFile(file);
        opt = new BitmapFactory.Options();
        opt.inSampleSize = 2;
        et = (EditText)findViewById(R.id.editText);
        et.setText(file.toString());


    }
```

〈그림 22〉와 같이 추가로 코드를 작성한다.

```
    public void onClick(View v) {
        if (v.getId() == R.id.btn1) {
            Intent i = new Intent(android.provider.
                    MediaStore.ACTION_IMAGE_CAPTURE);
            i.putExtra(android.provider.MediaStore.EXTRA_OUTPUT, uri);
            startActivityForResult(i, img);
        }else if (v.getId() == R.id.btn2) {
            Bitmap bm1 = BitmapFactory.decodeFile(
                    file.getAbsolutePath(), opt);
            iv.setImageBitmap(bm1);
        }else if (v.getId() == R.id.btn3) {
            at = new atask();
            at.execute(file.toString());
        }
    }
    @Override
    public void onActivityResult(int request_code,
                            int    result_code, Intent data)
    {
        if(request_code == img && result_code == RESULT_OK) {
            onClick(findViewById(R.id.btn2));
        }
    }
}
```

〈그림 22〉

입력된 코드는 다음과 같다.

```
public void onClick(View v) {

    if (v.getId() == R.id.btn1) {

        Intent i = new Intent(android.provider.
                MediaStore.ACTION_IMAGE_CAPTURE);
        i.putExtra(android.provider.MediaStore.EXTRA_OUTPUT, uri);
        startActivityForResult(i, img);

    }else if (v.getId() == R.id.btn2) {

        Bitmap bm1 = BitmapFactory.decodeFile(
                file.getAbsolutePath(), opt);
        iv.setImageBitmap(bm1);

    }else if (v.getId() == R.id.btn3) {

        at = new atask();
        at.execute(file.toString());

    }

}

@Override
public void onActivityResult(int request_code,
                        int      result_code, Intent data)
{

    if(request_code == img && result_code == RESULT_OK) {
        onClick(findViewById(R.id.btn2));
    }

}
```

〈그림 23〉과 같이 추가로 코드를 작성한다.

```
private class atask extends AsyncTask<String, String, String> {
    @Override
    protected String doInBackground(String... URI) {
        String imgPath = URI[0];
        DataOutputStream os = null;
        String border = "#";
        String two = "--";
        String nl = "\n";
        byte[] buf = null;
        int bufSz = 1024 * 1024, ret=0;
        File imgFile = new File(imgPath);
        if (imgFile.isFile()) {
            try {
                FileInputStream fis = new FileInputStream(imgFile);
                url = new URL(url1);
                HttpURLConnection conn =
                        (HttpURLConnection) url.openConnection();
                conn.setDoOutput(true);
                conn.setRequestProperty("Content-Type",
                        "multipart/form-data;boundary=" + border);
                os = new DataOutputStream(conn.getOutputStream());
```

〈그림 23〉

추가로 입력된 코드는 다음과 같다.

```
private class atask extends AsyncTask<String, String, String> {
    @Override
    protected String doInBackground(String... URI) {
        String imgPath = URI[0];
        DataOutputStream os = null;
        String border = "#";
        String two = "--";
        String nl = "\n";
        byte[] buf = null;
        int bufSz = 1024 * 1024, ret=0;
        File imgFile = new File(imgPath);
        if (imgFile.isFile()) {
            try {
                FileInputStream fis = new FileInputStream(imgFile);
                url = new URL(url1);
```

```
                    HttpURLConnection conn =
                            (HttpURLConnection) url.openConnection();
                    conn.setDoOutput(true);
                    conn.setRequestProperty("Content-Type",
                            "multipart/form-data;boundary=" + border);
                    os = new DataOutputStream(conn.getOutputStream());
```

〈그림 24〉와 같이 추가로 코드를 작성한다.

```
                    os.writeBytes(two + border + nl);
                    os.writeBytes("Content-Disposition: form-data; " +
                      "name=\"phone\";filename=\"" + imgPath + "\"" + nl);
                    os.writeBytes(nl);
                    do {
                        if (buf == null) buf = new byte[bufSz];
                        ret = fis.read(buf, 0, bufSz);
                        os.write(buf, 0, bufSz);
                    } while (ret > 0);
                    os.writeBytes(nl + two + border + two + nl);
                    conn.getResponseCode();
                    fis.close();
                    os.close();
                } catch (Exception ex) { ex.printStackTrace(); }
            }
            return " => imgUploading OK";
        }
        protected void onPostExecute(String str){
            et.append(str); }
    }
}
```

〈그림 24〉

추가로 입력된 코드는 다음과 같다.

```
                os.writeBytes(two + border + nl);
                os.writeBytes("Content-Disposition: form-data; " +
                  "name=\"phone\";filename=\"" + imgPath + "\"" + nl);
                os.writeBytes(nl);
```

```
                    do {
                        if (buf == null) buf = new byte[bufSz];
                        ret = fis.read(buf, 0, bufSz);
                        os.write(buf, 0, bufSz);
                    } while (ret> 0);
                    os.writeBytes(nl + two + border + two + nl);
                    conn.getResponseCode();
                    fis.close();
                    os.close();
                } catch (Exception ex) { ex.printStackTrace(); }
            }
            return " => imgUploading OK";
        }
    protected void onPostExecute(String str){ et.append(str); }
        }
}
```

⟨그림 25⟩와 같이 "AndroidManifest.xml" 파일을 열어 코드를 추가한다.

```
<!-- take Picture -->
<uses-permission android:name=
    "android.permission.WRITE_EXTERNAL_STORAGE"></uses-permission>
<uses-permission android:name=
    "android.permission.CAMERA"></uses-permission>

<!-- uploading -->
<uses-permission android:name=
    "android.permission.INTERNET"/>
<uses-permission android:name=
    "android.permission.ACCESS_NETWORK_STATE"/>
<uses-permission android:name=
    "android.permission.WRITE_EXTERNAL_STORAGE"/>

<application
    android:allowBackup="true"
    android:icon="@mipmap/ic_launcher"
    android:label="PicUpload"
    android:theme="@style/AppTheme" >
```

⟨그림 25⟩

입력된 코드는 다음과 같다.

```xml
<uses-permission android:name=
    "android.permission.WRITE_EXTERNAL_STORAGE"></uses-permission>
<uses-permission android:name=
    "android.permission.CAMERA"></uses-permission>
<uses-permission android:name=
    "android.permission.INTERNET"/>
<uses-permission android:name=
    "android.permission.ACCESS_NETWORK_STATE"/>
<uses-permission android:name=
    "android.permission.WRITE_EXTERNAL_STORAGE"/>
```

〈그림 26〉과 같이 두 번째 "build.gradle"를 더블 클릭 한 다음, 이전의 내용은 주석처리
하고 수정된 내용으로 입력한다.

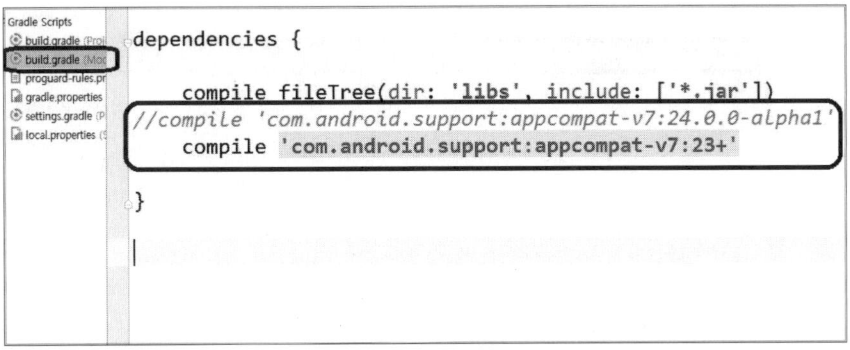

〈그림 26〉

입력된 코드는 다음과 같다.

```
//compile 'com.android.support:appcompat-v7:24.0.0-alpha1' //주석처리
compile 'com.android.support:appcompat-v7:23+' //새로 추가
```

〈그림 27〉과 같이 실행 아이콘을 클릭하여 실행한다.

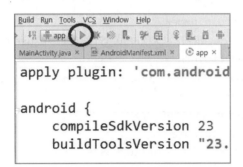

〈그림 27〉

〈그림 28〉과 같이 "실행하고자 하는 스마트 폰(자신의 스마트 폰)"을 선택하고 "OK" 버튼을 클릭한다.

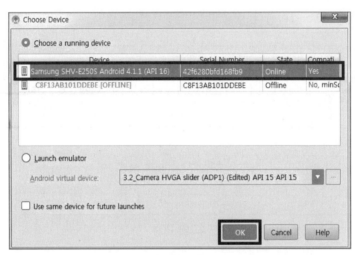

〈그림 28〉

실행 결과는 〈그림 29〉와 같으며, "TAKE PICTURE" 버튼을 클릭한다.

〈그림 29〉

카메라 응용이 실행되어 촬영가능 상태가 되면 원하는 장면을 촬영한다. 이어서, 〈그림 30〉과 같이 "저장" 버튼을 클릭한다.

〈그림 30〉

〈그림 31〉과 같이 다시 초기화면으로 돌아가면, "DISPLAY" 버튼을 클릭한다.

〈그림 31〉

실행 결과는 〈그림 32〉와 같이 촬영된 사진 파일이 디스플레이 된다. 이어서, 서버에 사진 파일을 전송하기위해 "IMAGE UPLOAD"버튼을 클릭한다.

〈그림 32〉

실행 결과는 〈그림 33〉과 같이 해당 그림 파일이 서버에 잘 전송되었다는 메시지가 출력되고 서버에 파일이 전송된다.

〈그림 33〉

서버에 전송된 파일의 위치는 〈그림 34〉와 같이 "C:\APM_Setup\htdocs \phonefile"에서 확인할 수 있다.

〈그림 34〉

촬영된 최초의 사진 이미지는 〈그림 35〉와 같이 "컴퓨터\SHV-E250S\Phone" 폴더 아래에 "pic01.jpg"이라는 이름으로 저장되어 있음을 알 수 있다. 단, "SHV-E250S"는 자신의 실제 Phone(스마트 폰) 이름이다. (참고로, 이 파일의 확인을 위해서는 스마트 폰에서 USB포트 연결선을 분리 했다가 다시 연결해야 확인이 가능하다.)

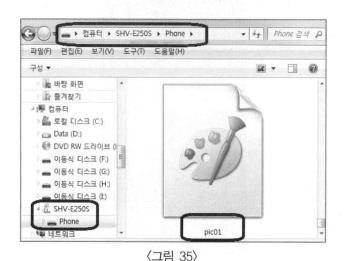

〈그림 35〉

스마트 폰을 이용해 실행할 수 없는 상황이라면, 〈그림 36〉과 같이 가상장치를 이용해 실행할 수도 있다. 그림과 같이 에뮬레이터(emulator)를 선택하고 "OK"를 클릭한다.

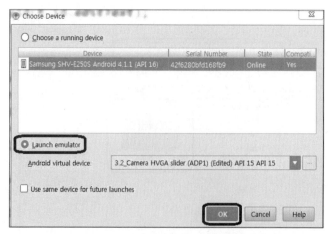

〈그림 36〉

〈그림 37〉과 같이 "Take Picture" 버튼을 클릭 한다.

〈그림 37〉

〈그림 38〉과 같이 중앙 하단의 별 모양에서 별 중앙 위치를 클릭하여 가상 장치의 카메라 촬영을 한다.

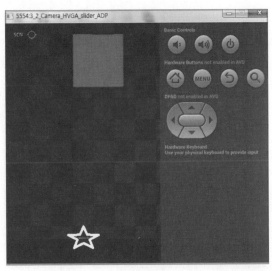

〈그림 38〉

〈그림 39〉와 같이 화면 아래쪽의 별 모양에서 별 중앙 위치를 클릭하여 가상 장치의 카메라 촬영을 종료하고 이전 단계로 이동한다.

〈그림 39〉

〈그림 40〉과 같이 다시 초기화면으로 돌아가면, "IMAGE UPLOAD" 버튼을 클릭한다. 이때, "Phone"에서의 실행과 다르게 가상장치에서는 "DISPLAY" 버튼을 클릭하지 않아도 촬영된 사진이 자동으로 디스플레이 된다.

〈그림 40〉

실행 결과는 〈그림 41〉과 같이 해당 그림 파일이 서버에 잘 전송되었다는 메시지가 출력되고 서버에 파일이 전송된다.

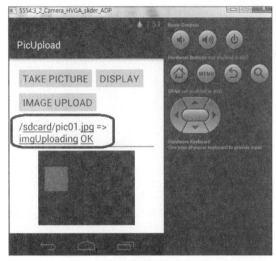

〈그림 41〉

서버에 전송된 파일의 위치는 〈그림 42〉와 같이 "C:\APM_Setup\htdocs \phonefile"에서 확인할 수 있다.

〈그림 42〉

이상으로 8장의 실습을 모두 마친다.

CHAPTER 09

서버 데이터베이스에
카메라 이미지를 업로드하기

서버 데이터베이스에
카메라 이미지를 업로드하기

    이번 장에서는 카메라 응용을 이용하여 촬영한 사진 이미지를 서버의 데이터베이스에 저장하는 방법을 알아본다. 먼저, 사진 이미지를 저장할 데이터베이스를 MySQl을 이용해 만든 다음, 사진 이미지를 업로드하고 데이터베이스에 삽입하기 위한 PHP 코드를 작성한다. 이어서, 사진 이미지를 업로드 하기위한 안드로이드 프로젝트를 작성하여 사진 이미지를 서버에 전송해본다.

9.1 데이터베이스 만들기(MySQL 버전)

    MySQL을 이용하여 "imgdb" 데이터베이스와 "imgtbl"을 만들기로 한다. 만약 앞부분 에서 이런 데이터베이스와 테이블을 만들었다면, "imgdb" 데이터베이스를 삭제하면 된다. 〈그림 1〉과 같이 "http://localhost/myadmin/"에서 사용자명과 암호를 입력하여 데이터베이스에 접속한다.

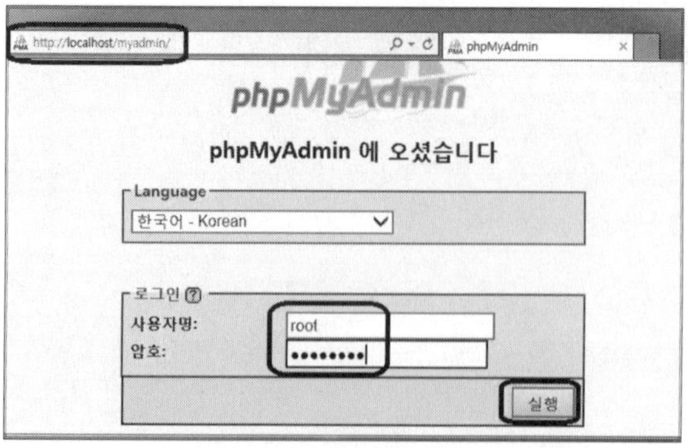

〈그림 1〉

    〈그림 2〉와 같이 "imgdb"라고 입력하고 "만들기" 버튼을 클릭한다.

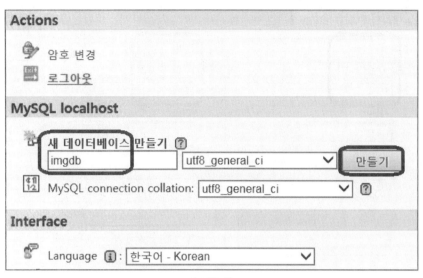

〈그림 2〉

〈그림 3〉과 같이 "imgtbl"이라고 입력한 다음, "Number of fields"에 "2"라고 입력한다.
이어서, "실행" 버튼을 클릭한다.

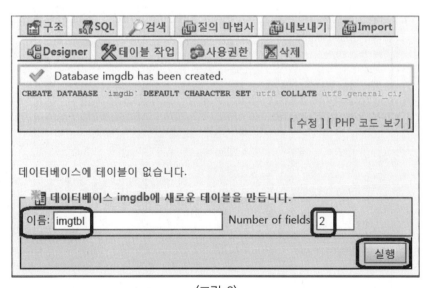

〈그림 3〉

〈그림 4〉와 같이 "id, VARCHAR, 10"와 "img, VARCHAR, 10"이라고 입력한 다음, 화면
가장 아래쪽의 "저장" 버튼을 클릭한다.

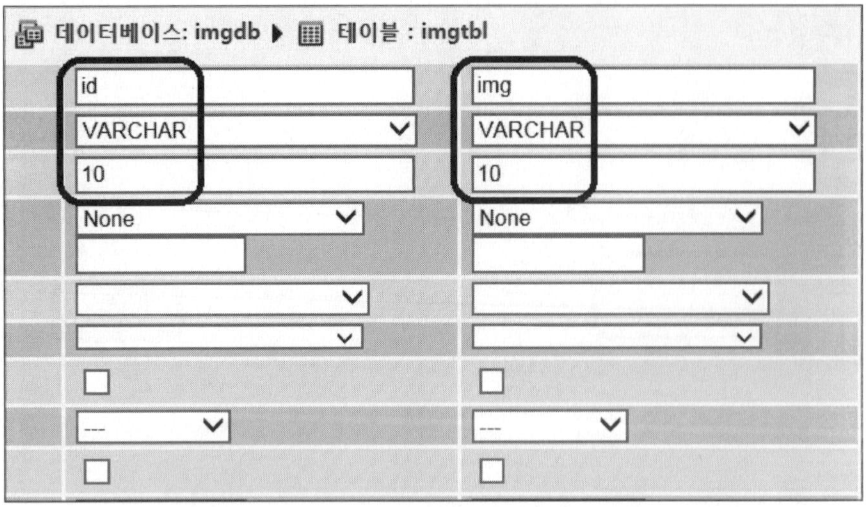

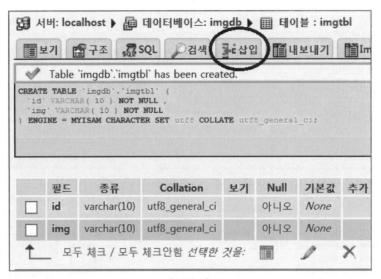

〈그림 4〉

〈그림 5〉와 같이 "삽입" 버튼을 클릭한다.

〈그림 5〉

〈그림 6〉과 같이 "A"와 "a.jpg"라고 입력하고 "실행" 버튼을 클릭한다.

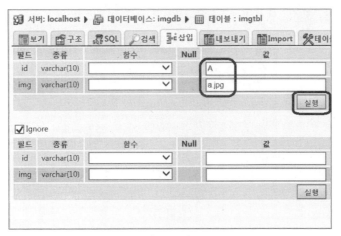

〈그림 6〉

〈그림 7〉과 같이 "삽입" 버튼을 클릭한다.

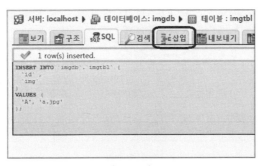

〈그림 7〉

〈그림 8〉과 같이 "B"와 "b.jpg"라고 입력하고 "실행" 버튼을 클릭한다.

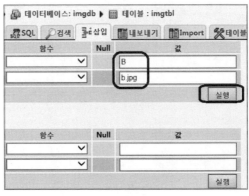

〈그림 8〉

〈그림 9〉와 같이 "보기" 버튼을 클릭한다.

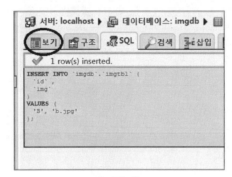

〈그림 9〉

지금까지 데이터베이스에 작성된 내용은 〈그림 10〉과 같다.

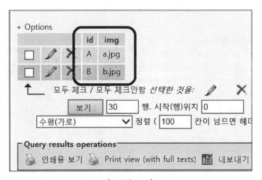

〈그림 10〉

〈그림 11〉과 같이 "구조" 버튼을 클릭한다.

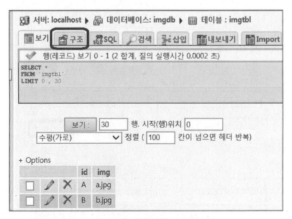

〈그림 11〉

〈그림 12〉와 같이 "img" 필드 오른쪽에 있는 연필모양의 "변경" 버튼을 클릭한다.

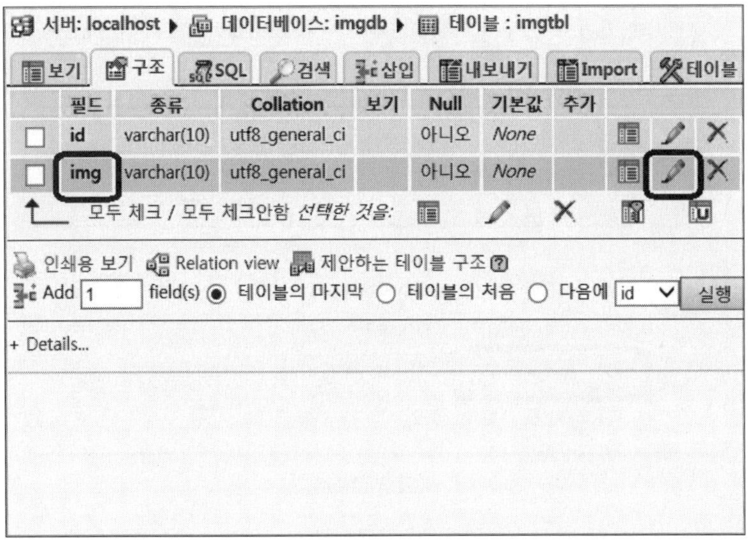

〈그림 12〉

〈그림 13〉과 같이 "길이/값"에 "20"이라고 수정한 다음, 화면 오른쪽에 있는 "저장" 버튼을 클릭한다.

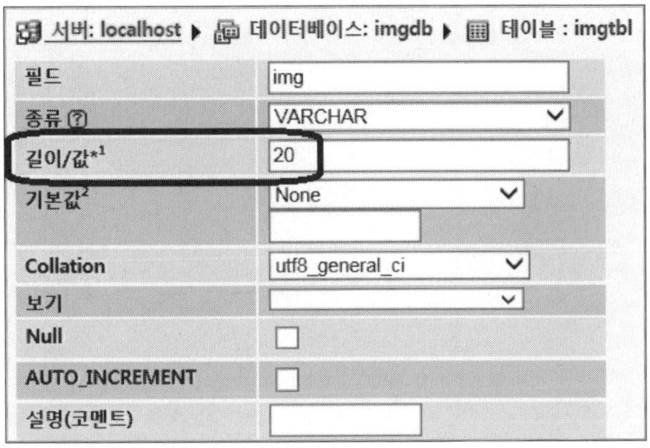

〈그림 13〉

실행 결과는 〈그림 14〉와 같다.

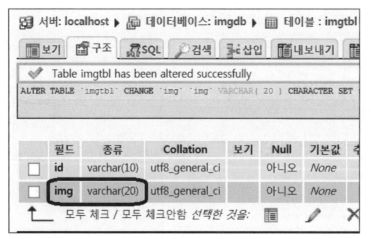

〈그림 14〉

이상으로 실습을 마친다.

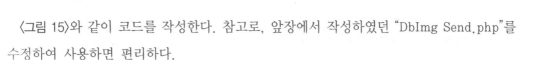
9.2 이미지를 저장하기위한 PHP 코드 작성하기

〈그림 15〉와 같이 코드를 작성한다. 참고로, 앞장에서 작성하였던 "DbImg Send.php"를 수정하여 사용하면 편리하다.

```
DbPicSend - 메모장
파일(F)  편집(E)  서식(O)  보기(V)  도움말(H)
<?php

$loc = "phonefile/";
$loc = $loc.basename( $_FILES['phone']['name']);
if(move_uploaded_file($_FILES['phone']['tmp_name'], $loc))
{
    echo "success";
}
else
{
    echo "fail";
}

$imgName = basename( $_FILES['phone']['name']);
$con=mysql_connect("localhost", "root", "apmsetup");
mysql_select_db("imgdb", $con);

$id = "D";
$sql = "insert into imgtbl(id, img) values('$id', '$imgName')";

mysql_query($sql, $con);
mysql_close();

?>
```

〈그림 15〉

작성된 코드는 다음과 같다.

```php
<?php

$loc = "phonefile/";
$loc = $loc.basename($_FILES['phone']['name']);
if(move_uploaded_file($_FILES['phone']['tmp_name'], $loc))
{
    echo "success";
}
else
{
```

```php
        echo "fail";
    }

    $imgName = basename($_FILES['phone']['name']);

    $con=mysql_connect("localhost", "root", "apmsetup");
    mysql_select_db("imgdb", $con);

    $id = "D";
    $sql = "insert into imgtbl(id, img) values('$id', '$imgName')";

    mysql_query($sql, $con);
    mysql_close();

?>
```

〈그림 16〉과 같이 "C:\APM_Setup\htdocs" 폴더 아래에 "DbPicSend.php"라고 저장한다.

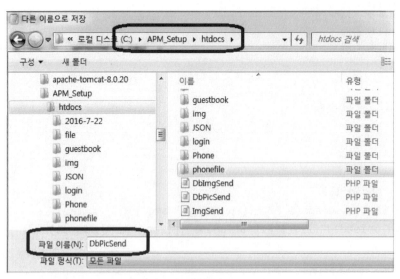

〈그림 16〉

이상으로 PHP 코드의 작성을 마친다.

9.3 서버 데이터베이스에 카메라 이미지를 업로드하기

〈그림 17〉과 같이 "C:\APM_Setup\htdocs" 아래에 phonefile 이라는 폴더를 만든다.

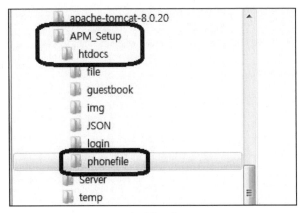

〈그림 17〉

안드로이드 스튜디오를 실행시킨다. 〈그림 18〉과 같이 "DbPicUpload"라고 입력한 다음, "Next" 버튼 클릭한다.

〈그림 18〉

〈그림 19〉와 같이 "API 15: Android 4.0.3(IcecreamSandwich)"를 선택한 다음, "Next" 버튼을 2번 연속 클릭한다. 이어서, "Finish" 버튼을 클릭한다.

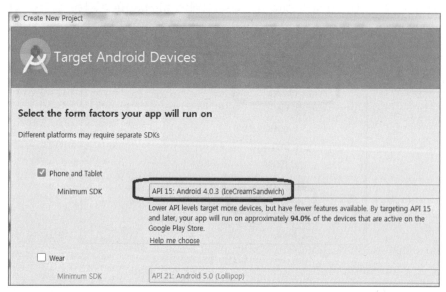

〈그림 19〉

〈그림 20〉과 같이 "activity_main.xml" 파일에 있는 "TextView"를 클릭한 다음, "Delete" 키를 눌러 삭제한다.

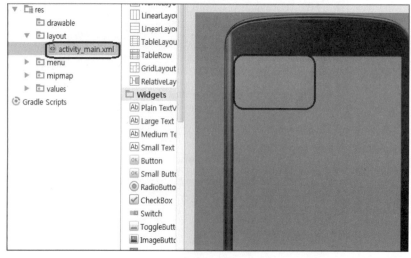

〈그림 20〉

〈그림 21〉과 같이 "Button"을 작성한다.

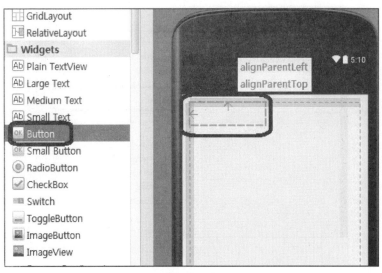

〈그림 21〉

방금 작성된 "Button"을 더블 클릭한 다음, 〈그림 22〉와 같이 "text:" 위치에 "Take Picture"라고 입력한다. 이어서, "id"는 "btn1", "textSize"는 "20dp"로 입력한다.

〈그림 22〉

〈그림 23〉과 같이 "onClick" 속성을 클릭한 다음, 오른쪽에 "onClick"이라고 입력한다.

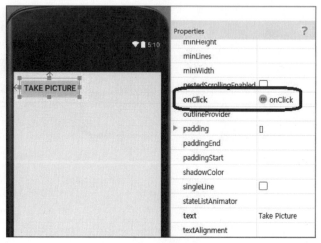

〈그림 23〉

〈그림 24〉와 같이 "Button"을 하나 더 작성한다.

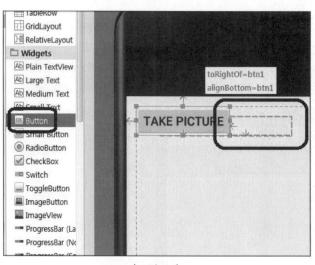

〈그림 24〉

방금 작성된 "Button"을 더블 클릭한 다음, 〈그림 25〉와 같이 "text:" 위치에 "Display"라고 입력한다. 이어서, "id"는 "btn2", "textSize"는 "20dp"로 입력한다.

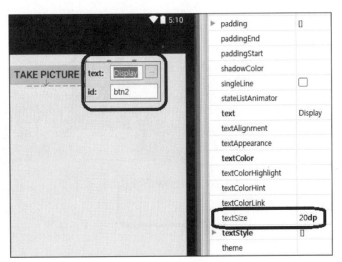

〈그림 25〉

〈그림 26〉과 같이 "onClick" 속성을 클릭한 다음, 오른쪽에 "onClick"이라고 입력한다.

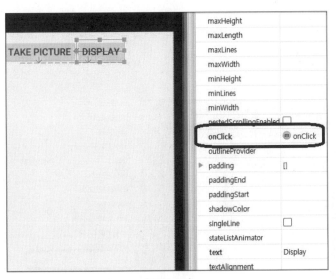

〈그림 26〉

〈그림 27〉과 같이 "Button"을 하나 더 작성한다.

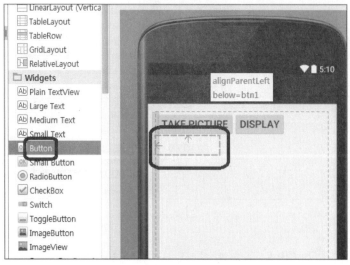

〈그림 27〉

방금 작성된 "Button"을 더블 클릭한 다음, 〈그림 28〉과 같이 "text:" 위치에 "image upload"라고 입력한다. 이어서, "id"는 "btn3", "textSize"는 "20dp"로 입력한다.

〈그림 28〉

〈그림 29〉와 같이 "onClick" 속성을 클릭한 다음, 오른쪽에 "onClick"이라고 입력한다.

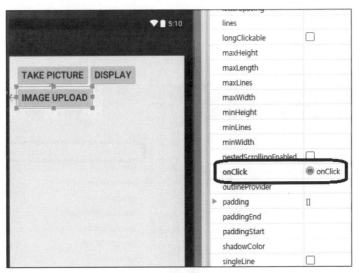

〈그림 29〉

〈그림 30〉과 같이 "Plain Text"를 하나 작성한다.

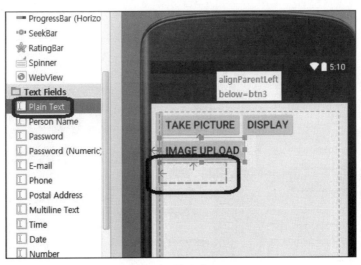

〈그림 30〉

〈그림 31〉과 같이 "layout:width"에 "match_parent"라고 입력한다. 이어서, "textSize"
에 "20dp"라고 입력한다.

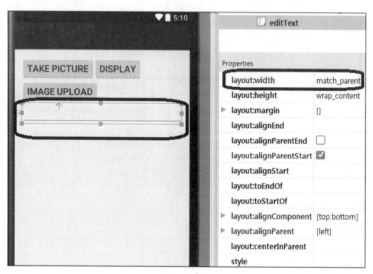

〈그림 31〉

〈그림 32〉과 같이 "ImageView"를 작성한다.

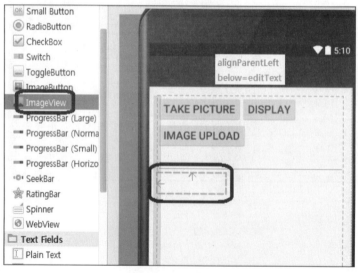

〈그림 32〉

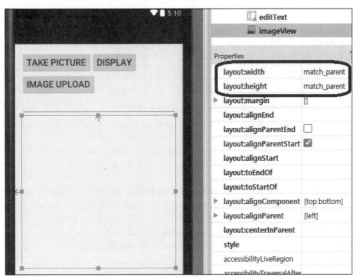 방금 작성된 "ImageView"을 클릭한 다음, 〈그림 33〉과 같이 "layout:width"와 "layout:height" 위치에 "match_parent"를 선택한다.

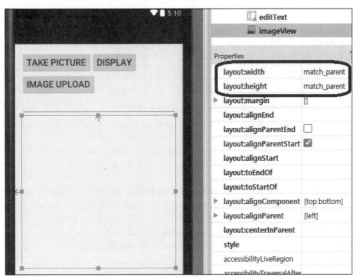

〈그림 33〉

"ImageView"을 더블 클릭한 다음, 〈그림 34〉와 같이 "id:" 위치에 "iv1"라고 입력한다.

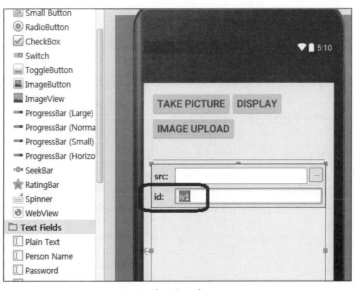

〈그림 34〉

〈그림 35〉와 같이 "MainActivity"를 더블 클릭 한 다음, 코드를 입력한다. 코드 〈String url1 = "http://xxx.xxx.xxx.xxx/DbPicSend.php";〉에서 xxx부분은 자신의 IP주소를 직접 입력한다.

```
public class MainActivity extends AppCompatActivity {
    private static final int img = 0;
    ImageView iv;
    File file;
    Uri uri;
    BitmapFactory.Options opt;
    String url1 = "http://xxx.xxx.xxx.xxx/DbPicSend.php";
    EditText et;
    atask at;
    URL url;
    @Override
    protected void onCreate(Bundle savedInstanceState) {
        super.onCreate(savedInstanceState);
        setContentView(R.layout.activity_main);
        iv = (ImageView) findViewById(R.id.iv1);
        file = new File("/sdcard/pic01.jpg");
        uri = Uri.fromFile(file);
        opt = new BitmapFactory.Options();
        opt.inSampleSize = 2;
        et = (EditText)findViewById(R.id.editText);
        et.setText(file.toString());
    }
```

〈그림 35〉

입력된 코드는 다음과 같다.

```
public class MainActivity extends AppCompatActivity {

    private static final int img = 0;
    ImageView iv;
    File file;
    Uri uri;
    BitmapFactory.Options opt;
    String url1 = "http://xxx.xxx.xxx.xxx/DbPicSend.php"; //자신의 IP
    EditText et;
    atask at;
    URL url;

    @Override
```

```
protected void onCreate(Bundle savedInstanceState) {

    super.onCreate(savedInstanceState);
    setContentView(R.layout.activity_main);
    iv = (ImageView) findViewById(R.id.iv1);
    file = new File("/sdcard/pic01.jpg");
    uri = Uri.fromFile(file);
    opt = new BitmapFactory.Options();
    opt.inSampleSize = 2;
    et = (EditText)findViewById(R.id.editText);
    et.setText(file.toString());

}
```

〈그림 36〉과 같이 추가로 코드를 작성한다.

```
public void onClick(View v) {
    if (v.getId() == R.id.btn1) {
        Intent i = new Intent(android.provider.
                MediaStore.ACTION_IMAGE_CAPTURE);
        i.putExtra(android.provider.MediaStore.EXTRA_OUTPUT, uri);
        startActivityForResult(i, img);
    }else if (v.getId() == R.id.btn2) {
        Bitmap bm1 = BitmapFactory.decodeFile(
                file.getAbsolutePath(), opt);
        iv.setImageBitmap(bm1);
    }else if (v.getId() == R.id.btn3) {
        at = new atask();
        at.execute(file.toString());
    }
}
@Override
public void onActivityResult(int request_code,
                        int    result_code, Intent data)
{
    if(request_code == img && result_code == RESULT_OK) {
        onClick(findViewById(R.id.btn2));
    }
}
```

〈그림 36〉

입력된 코드는 다음과 같다.

```
public void onClick(View v) {

    if (v.getId() == R.id.btn1) {

        Intent i = new Intent(android.provider.
                MediaStore.ACTION_IMAGE_CAPTURE);
        i.putExtra(android.provider.MediaStore.EXTRA_OUTPUT, uri);
        startActivityForResult(i, img);

    }else if (v.getId() == R.id.btn2) {

        Bitmap bm1 = BitmapFactory.decodeFile(
                file.getAbsolutePath(), opt);
        iv.setImageBitmap(bm1);

    }else if (v.getId() == R.id.btn3) {

        at = new atask();
        at.execute(file.toString());

    }

}

@Override
public void onActivityResult(int request_code,
                    int       result_code, Intent data)
{

    if(request_code == img && result_code == RESULT_OK) {
        onClick(findViewById(R.id.btn2));
    }

}
```

〈그림 37〉과 같이 추가로 코드를 작성한다.

```
private class atask extends AsyncTask<String, String, String> {
    @Override
    protected String doInBackground(String... URI) {
        String imgPath = URI[0];
        DataOutputStream os = null;
        String border = "#";
        String two = "--";
        String nl = "\n";
        byte[] buf = null;
        int bufSz = 1024 * 1024, ret=0;
        File imgFile = new File(imgPath);
        if (imgFile.isFile()) {
            try {
                FileInputStream fis = new FileInputStream(imgFile);
                url = new URL(url1);
                HttpURLConnection conn =
                        (HttpURLConnection) url.openConnection();
                conn.setDoOutput(true);
                conn.setRequestProperty("Content-Type",
                        "multipart/form-data;boundary=" + border);
                os = new DataOutputStream(conn.getOutputStream());
```

〈그림 37〉

추가로 입력된 코드는 다음과 같다.

```
private class atask extends AsyncTask<String, String, String> {
    @Override
    protected String doInBackground(String... URI) {
        String imgPath = URI[0];
        DataOutputStream os = null;
        String border = "#";
        String two = "--";
        String nl = "\n";
        byte[] buf = null;
        int bufSz = 1024 * 1024, ret=0;
        File imgFile = new File(imgPath);
        if (imgFile.isFile()) {
            try {
                FileInputStream fis = new FileInputStream(imgFile);
                url = new URL(url1);
                HttpURLConnection conn =
                        (HttpURLConnection) url.openConnection();
```

```
                    conn.setDoOutput(true);
                    conn.setRequestProperty("Content-Type",
                            "multipart/form-data;boundary=" + border);
                    os = new DataOutputStream(conn.getOutputStream());
```

〈그림 38〉과 같이 추가로 코드를 작성한다.

```
                        os.writeBytes(two + border + nl);
                        os.writeBytes("Content-Disposition: form-data; " +
                          "name=\"phone\";filename=\"" + imgPath + "\"" + nl);
                        os.writeBytes(nl);
                        do {
                            if (buf == null) buf = new byte[bufSz];
                            ret = fis.read(buf, 0, bufSz);
                            os.write(buf, 0, bufSz);
                        } while (ret > 0);
                        os.writeBytes(nl + two + border + two + nl);
                        conn.getResponseCode();
                        fis.close();
                        os.close();
                    } catch (Exception ex) { ex.printStackTrace(); }
                }
            return " => imgUploading OK";
            }
        protected void onPostExecute(String str){
            et.append(str); }
    }
}
```

〈그림 38〉

추가로 입력된 코드는 다음과 같다.

```
                    os.writeBytes(two + border + nl);
                    os.writeBytes("Content-Disposition: form-data; " +
                      "name=\"phone\";filename=\"" + imgPath + "\"" + nl);
                    os.writeBytes(nl);
                    do {
                        if (buf == null) buf = new byte[bufSz];
                        ret = fis.read(buf, 0, bufSz);
                        os.write(buf, 0, bufSz);
```

```
                    } while (ret> 0);
                    os.writeBytes(nl + two + border + two + nl);
                    conn.getResponseCode();
                    fis.close();
                    os.close();
                } catch (Exception ex) { ex.printStackTrace(); }
            }
            return " => imgUploading OK";
        }
    protected void onPostExecute(String str){ et.append(str); }
        }
}
```

〈그림 39〉와 같이 "AndroidManifest.xml" 파일을 열어 코드를 추가한다.

```xml
<!-- take Picture -->
<uses-permission android:name=
    "android.permission.WRITE_EXTERNAL_STORAGE"></uses-permission>
<uses-permission android:name=
    "android.permission.CAMERA"></uses-permission>

<!-- uploading -->
<uses-permission android:name=
    "android.permission.INTERNET"/>
<uses-permission android:name=
    "android.permission.ACCESS_NETWORK_STATE"/>
<uses-permission android:name=
    "android.permission.WRITE_EXTERNAL_STORAGE"/>

<application
```

〈그림 39〉

입력된 코드는 다음과 같다.

```xml
<uses-permission android:name=
    "android.permission.WRITE_EXTERNAL_STORAGE"></uses-permission>
<uses-permission android:name=
    "android.permission.CAMERA"></uses-permission>
<uses-permission android:name=
    "android.permission.INTERNET"/>
```

```
<uses-permission android:name=
    "android.permission.ACCESS_NETWORK_STATE"/>
<uses-permission android:name=
    "android.permission.WRITE_EXTERNAL_STORAGE"/>
```

〈그림 40〉과 같이 두 번째 "build.gradle"를 더블 클릭 한 다음, 이전의 내용은 주석처리하고 수정된 내용으로 입력한다.

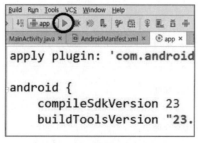

```
dependencies {

    compile fileTree(dir: 'libs', include: ['*.jar'])
//compile 'com.android.support:appcompat-v7:24.0.0-alpha1'
    compile 'com.android.support:appcompat-v7:23+'

}
```

〈그림 40〉

입력된 코드는 다음과 같다.

```
//compile 'com.android.support:appcompat-v7:24.0.0-alpha1' //주석처리
compile 'com.android.support:appcompat-v7:23+' //새로 추가
```

〈그림 41〉과 같이 실행 아이콘을 클릭하여 실행한다.

```
Build Run Tools VCS Window Help
MainActivity.java ×   AndroidManifest.xml ×   app ×
apply plugin: 'com.android

android {
    compileSdkVersion 23
    buildToolsVersion "23.
```

〈그림 41〉

〈그림 42〉와 같이 "실행하고자 하는 스마트 폰(자신의 스마트 폰)"을 선택하고 "OK" 버튼을 클릭한다.(교재의 이번 예에서는 태블릿(Tablet)에서 실행된 화면이지만, 폰(Phone)의 실행 방법도 동일하다.)

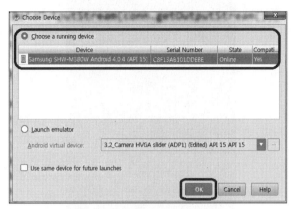

〈그림 42〉

실행 결과는 〈그림 43〉과 같으며, "TAKE PICTURE" 버튼을 클릭한다.

〈그림 43〉

카메라 응용이 실행되어 촬영가능 상태가 되면 원하는 장면을 촬영한다. 이어서, 〈그림 44〉와 같이 "저장" 버튼을 클릭한다.

〈그림 44〉

〈그림 45〉와 같이 다시 초기화면으로 돌아가면, "DISPLAY" 버튼을 클릭한다.

〈그림 45〉

실행 결과는 〈그림 46〉과 같이 촬영된 사진 파일이 디스플레이 된다. 이어서, 서버에 사진 파일을 전송하기위해 "IMAGE UPLOAD"버튼을 클릭한다.

〈그림 46〉

실행 결과는 〈그림 47〉과 같이 해당 그림 파일이 서버에 잘 전송되었다는 메시지가 출력되고 서버에 파일이 전송된다.

〈그림 47〉

서버에 전송된 파일의 위치는 〈그림 48〉과 같이 "C:\APM_Setup\htdocs \phonefile"에서 확인할 수 있다.

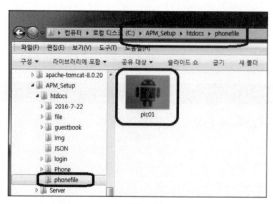

〈그림 48〉

촬영된 최초의 사진 이미지는 저자의 Phone인 경우 〈그림 49〉와 같이 "컴퓨터\SHV-
E250S\Phone" 폴더 아래에 "pic01.jpg"이라는 이름으로 저장되어 있음을 알 수 있다. 단,
"SHV-E250S"는 자신의 실제 Phone(스마트 폰) 이름이다. (참고로, Tablet의 경우는 저
자의 경우는 "컴퓨터\SHW-M380W\Tablet" 아래에 "pic01.jpg"이 있다.)

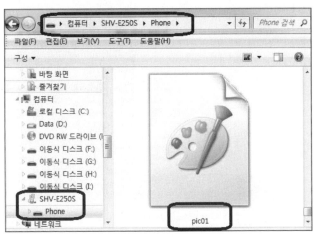
〈그림 49〉

스마트 폰을 이용해 실행할 수 없는 상황이라면, 〈그림 50〉과 같이 가상장치를 이용해 실
행할 수도 있다. 그림과 같이 에뮬레이터(emulator)를 선택하고 "OK"를 클릭한다.

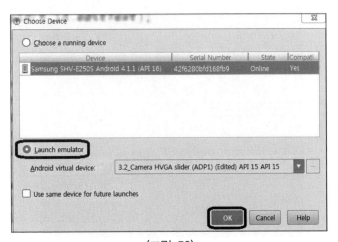
〈그림 50〉

〈그림 51〉과 같이 "Take Picture" 버튼을 클릭 한다.

〈그림 51〉

〈그림 52〉와 같이 중앙 하단의 별 모양에서 별 중앙 위치를 클릭하여 가상 장치의 카메라 촬영을 한다.

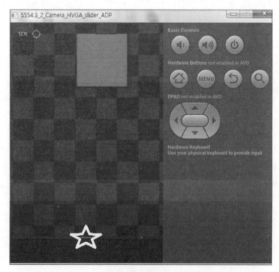

〈그림 52〉

〈그림 53〉과 같이 화면 아래쪽의 별 모양에서 별 중앙 위치를 클릭하여 가상 장치의 카메라 촬영을 종료하고 이전 단계로 이동한다.

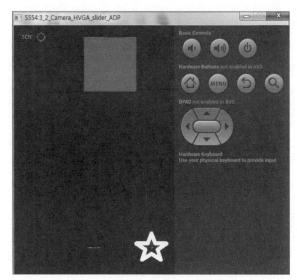

〈그림 53〉

〈그림 54〉와 같이 다시 초기화면으로 돌아가면, "IMAGE UPLOAD" 버튼을 클릭한다. 이때, "Phone"에서의 실행과 다르게 가상장치에서는 "DISPLAY" 버튼을 클릭하지 않아도 촬영된 사진이 자동으로 디스플레이 된다.

〈그림 54〉

실행 결과는 〈그림 55〉와 같이 해당 그림 파일이 서버에 잘 전송되었다는 메시지가 출력되고 서버에 파일이 전송된다.

〈그림 55〉

서버에 전송된 파일의 위치는 〈그림 56〉과 같이 "C:\APM_Setup\htdocs \phonefile"에서 확인할 수 있다.

〈그림 56〉

전송한 해당 그림 파일이 데이터베이스에 저장되었음을 확인하기 위해 MySQL에 접속한다. 〈그림 57〉과 같이 촬영한 사진 파일이 잘 저장되었음을 확인할 수 있다.

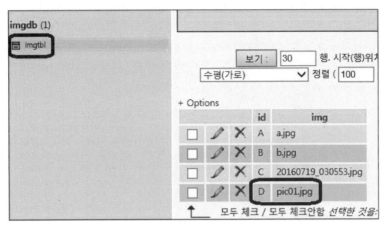

〈그림 57〉

이상으로 9장의 실습을 모두 마친다.

CHAPTER 10

DB(데이터베이스)
이미지 출력과 수정

DB(데이터베이스) 이미지 출력과 수정

이번 장에서는 카메라 응용을 통해 촬영하여 MySQL 데이터베이스에 저장한 사진 이미지를 출력해본다. 이어서, 새로 촬영한 이미지로 이전에 저장된 사진 이미지를 수정하는 방법을 알아본다. 이에 필요한 MySQL 데이터베이스와 PHP 코드는 가능하면 이전 장들에서 작성한 방법과 거의 유사하도록 만들어 최대한 재사용을 하도록 하였다.

10.1 DB 만들기(MySQL 버전)

MySQL을 이용하여 "imgdb" 데이터베이스와 "imgtbl"을 만들기로 한다. 만약 앞부분 에서 이런 데이터베이스와 테이블을 만들었다면, "imgdb" 데이터베이스를 삭제하면 된다. 〈그림 1〉과 같이 "http://localhost/myadmin/"에서 사용자명과 암호를 입력하여 데이터베이스에 접속한다.

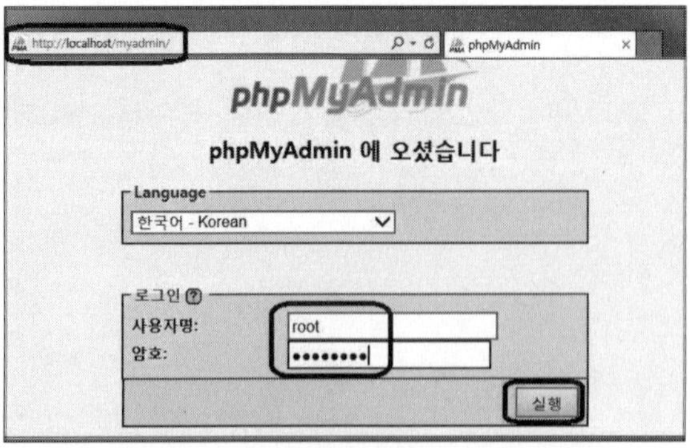

〈그림 1〉

〈그림 2〉와 같이 "imgdb"라고 입력하고 "만들기" 버튼을 클릭한다.

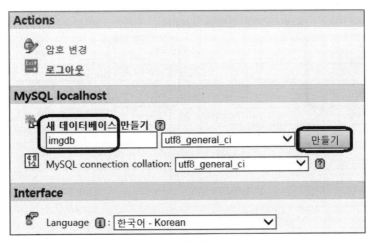

〈그림 2〉

〈그림 3〉과 같이 "imgtbl"이라고 입력한 다음, "Number of fields"에 "2"라고 입력한다. 이어서, "실행" 버튼을 클릭한다.

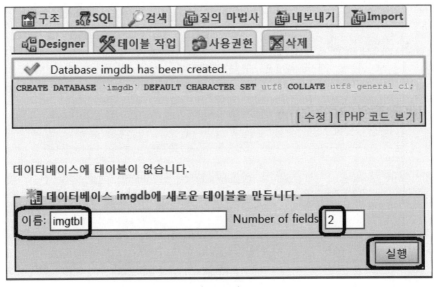

〈그림 3〉

〈그림 4〉와 같이 "id, VARCHAR, 10"와 "img, VARCHAR, 10"이라고 입력한 다음, 화면 가장 아래쪽의 "저장" 버튼을 클릭한다.

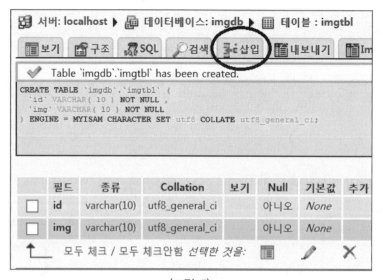

<그림 4>

<그림 5>와 같이 "삽입" 버튼을 클릭한다.

<그림 5>

<그림 6>과 같이 "A"와 "a.jpg"라고 입력하고 "실행" 버튼을 클릭한다.

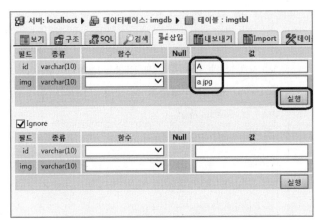

〈그림 6〉

〈그림 7〉과 같이 "삽입" 버튼을 클릭한다.

〈그림 7〉

〈그림 8〉과 같이 "B"와 "b.jpg"라고 입력하고 "실행" 버튼을 클릭한다.

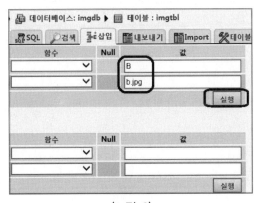

〈그림 8〉

〈그림 9〉와 같이 "보기" 버튼을 클릭한다.

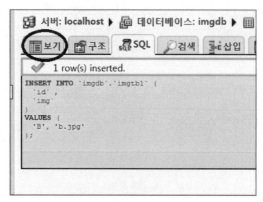

〈그림 9〉

지금까지 데이터베이스에 작성된 내용은 〈그림 10〉과 같다.

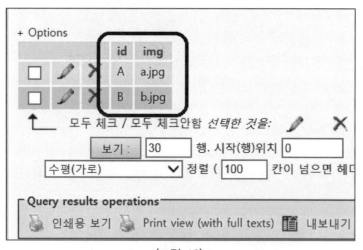

〈그림 10〉

〈그림 11〉과 같이 "구조" 버튼을 클릭한다.

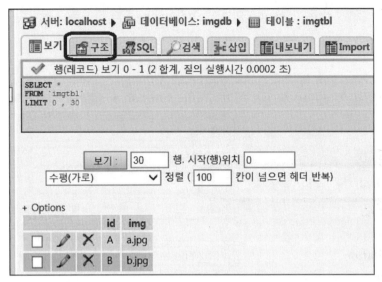

〈그림 11〉

〈그림 12〉와 같이 "img" 필드 오른쪽에 있는 연필모양의 "변경" 버튼을 클릭한다.

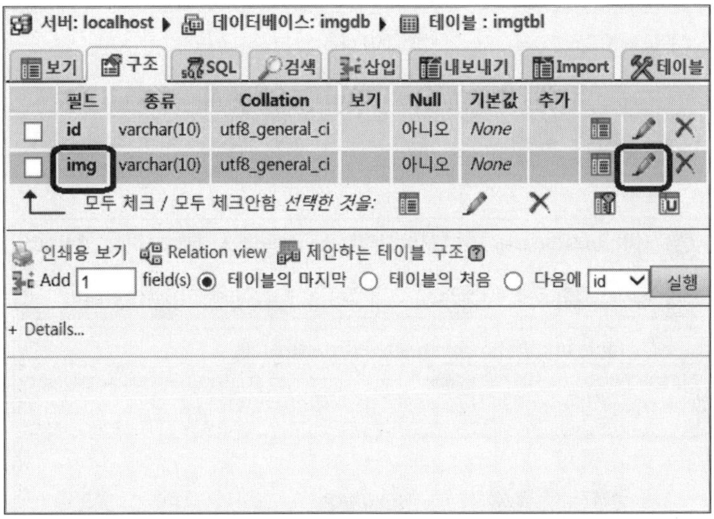

〈그림 12〉

〈그림 13〉과 같이 "길이/값"에 "20"이라고 수정한 다음, 화면 오른쪽에 있는 "저장" 버튼을 클릭한다.

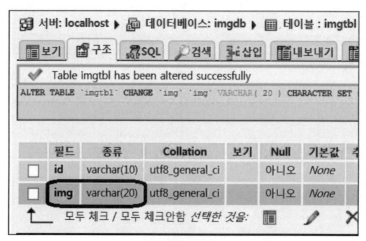

〈그림 13〉

실행 결과는 〈그림 14〉와 같다.

〈그림 14〉

이상으로 실습을 마친다.

10.2 DB 이미지 출력과 수정을 위한 PHP 코드 작성하기

이번 장에서는 두 개의 PHP 코드파일을 작성할 것이다. 먼저, 〈그림 15〉와 같이 코드를
작성한다.

```php
<?php
    $loc = "phonefile/";
    $loc = $loc.basename( $_FILES['phone']['name']);
    if(move_uploaded_file($_FILES['phone']['tmp_name'], $loc))
    {
        echo "success";
    }
    else
    {
        echo "fail";
    }

    $imgName = basename( $_FILES['phone']['name']);
    $con=mysql_connect("localhost", "root", "apmsetup");
    mysql_select_db("imgdb", $con);

    $id = "D";
    $sql = "insert into imgtbl(id, img) values('$id', '$imgName')";

    mysql_query($sql, $con);
    mysql_close();

?>
```

〈그림 15〉

작성된 코드는 다음과 같다.

```php
<?php

$loc = "phonefile/";
$loc = $loc.basename($_FILES['phone']['name']);
if(move_uploaded_file($_FILES['phone']['tmp_name'], $loc))
{
    echo "success";
}
else
{
```

```php
    echo "fail";
}

$imgName = basename($_FILES['phone']['name']);

$con=mysql_connect("localhost", "root", "apmsetup");
mysql_select_db("imgdb", $con);

$id = "D";
$sql = "insert into imgtbl(id, img) values('$id', '$imgName')";

mysql_query($sql, $con);
mysql_close();

?>
```

〈그림 16〉과 같이 "C:\APM_Setup\htdocs" 폴더 아래에 "DbPicSend.php"라고 저장한다.

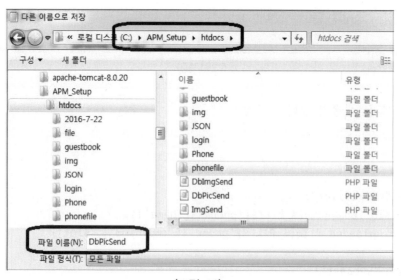

〈그림 16〉

두 번째 PHP 코드 파일 작성을 위해 〈그림 17〉과 같이 코드를 작성한다.

```
DblmgDown2_Modify - 메모장
파일(F) 편집(E) 서식(O) 보기(V) 도움말(H)
<?php

$con=mysql_connect("localhost", "root", "apmsetup");
mysql_select_db("imgdb", $con);

$id = $_POST['id'];
$imgName = "pic01.jpg";

$type = $_POST['type'];

if($type == "m"){
  $qry = "update imgtbl set img = '$imgName' where id = '$id'";
  $res = mysql_query($qry, $con);
}

$qry = "select * from imgtbl where id = '$id'";
$res = mysql_query($qry, $con);
$row = mysql_fetch_array($res);
echo $row[1];

?>
```

〈그림 17〉

작성된 코드는 다음과 같다.

```
<?php

$con=mysql_connect("localhost", "root", "apmsetup");
mysql_select_db("imgdb", $con);

$id = $_POST['id'];
$imgName = "pic01.jpg";

$type = $_POST['type'];

if($type == "m"){
  $qry = "update imgtbl set img = '$imgName' where id = '$id'";
  $res = mysql_query($qry, $con);
}

$qry = "select * from imgtbl where id = '$id'";
$res = mysql_query($qry, $con);
```

```
$row = mysql_fetch_array($res);
echo $row[1];

?>
```

〈그림 18〉과 같이 "C:\APM_Setup\htdocs" 폴더 아래에 "DbImgDown2_ Modify"라고 저장한다.

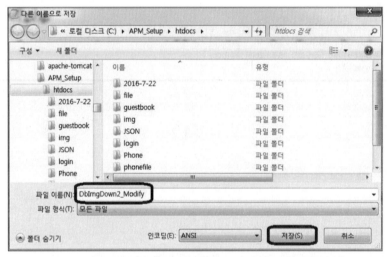

〈그림 18〉

이상으로 PHP 코드의 작성을 마친다.

10.3 DB 이미지 출력과 카메라 촬영 이미지로 수정하기

〈그림 19〉와 같이 "C:\APM_Setup\htdocs" 아래에 phonefile 이라는 폴더를 만든다.

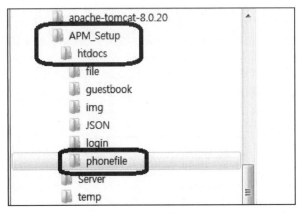

〈그림 19〉

안드로이드 스튜디오를 실행시킨다. 〈그림 20〉과 같이 "DbPicModify"라고 입력한 다음, "Next" 버튼 클릭한다.

〈그림 20〉

〈그림 21〉과 같이 "API 15: Android 4.0.3(IcecreamSandwich)"를 선택한 다음, "Next" 버튼을 2번 연속 클릭한다. 이어서, "Finish" 버튼을 클릭한다.

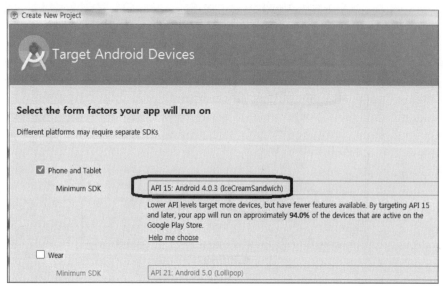

〈그림 21〉

〈그림 22〉와 같이 "activity_main.xml" 파일에 있는 "TextView"를 클릭한 다음, "Delete" 키를 눌러 삭제한다.

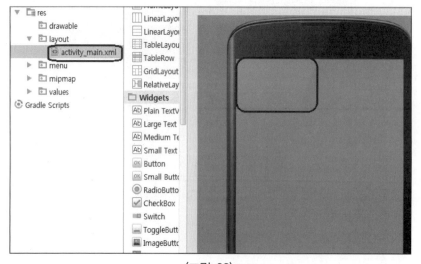

〈그림 22〉

〈그림 23〉과 같이 "Button"을 작성한다.

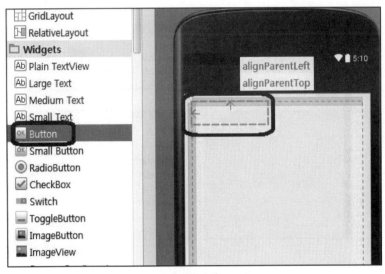

〈그림 23〉

방금 작성된 "Button"을 더블 클릭한 다음, 〈그림 24〉와 같이 "text:" 위치에 "Take Picture"라고 입력한다. 이어서, "id"는 "btn1", "textSize"는 "20dp"로 입력한다.

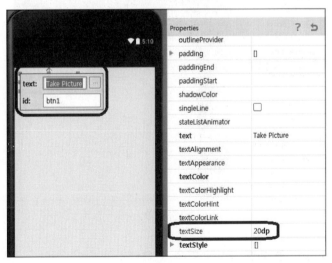

〈그림 24〉

〈그림 25〉와 같이 "onClick" 속성을 클릭한 다음, 오른쪽에 "onClick"이라고 입력한다.

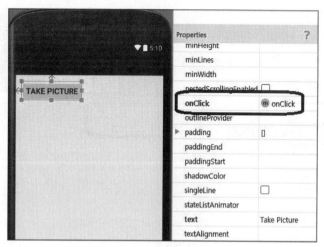

〈그림 25〉

〈그림 26〉과 같이 "Button"을 하나 더 작성한다.

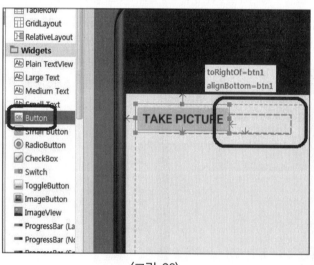

〈그림 26〉

방금 작성된 "Button"을 더블 클릭한 다음, 〈그림 27〉과 같이 "text:" 위치에 "Display"라고 입력한다. 이어서, "id"는 "btn2", "textSize"는 "20dp"로 입력한다.

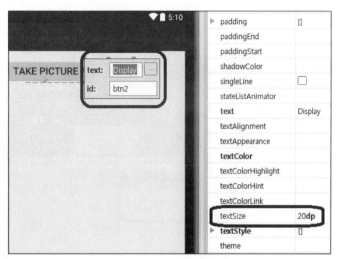

〈그림 27〉

〈그림 28〉과 같이 "onClick" 속성을 클릭한 다음, 오른쪽에 "onClick"이라고 입력한다.

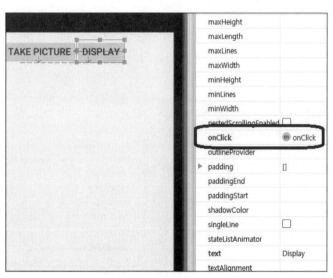

〈그림 28〉

〈그림 29〉와 같이 "Button"을 하나 더 작성한다.

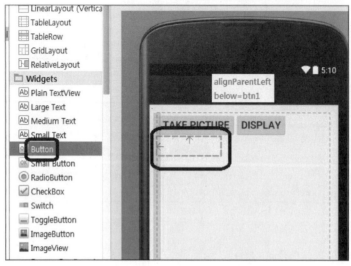

〈그림 29〉

방금 작성된 "Button"을 더블 클릭한 다음, 〈그림 30〉과 같이 "text:" 위치에 "image upload"라고 입력한다. 이어서, "id"는 "btn3", "textSize"는 "20dp"로 입력한다.

〈그림 30〉

〈그림 31〉과 같이 "onClick" 속성을 클릭한 다음, 오른쪽에 "onClick"이라고 입력한다.

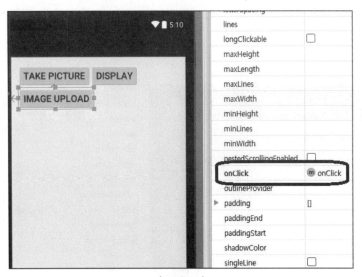

<그림 31>

<그림 32>와 같이 "Button"을 하나 더 작성한다.

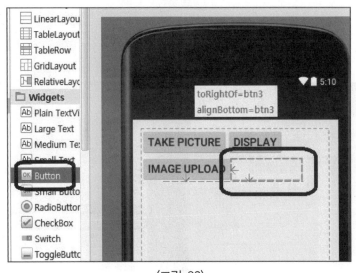

<그림 32>

방금 작성된 "Button"을 더블 클릭한 다음, 〈그림 33〉과 같이 "text:" 위치에 "DbImg Down"라고 입력한다. 이어서, "id"는 "btn4", "textSize"는 "20dp"로 입력한다.

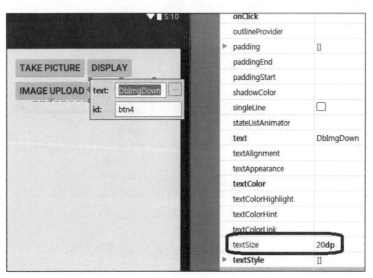

〈그림 33〉

〈그림 34〉와 같이 "onClick" 속성을 클릭한 다음, 오른쪽에 "onClick"이라고 입력한다.

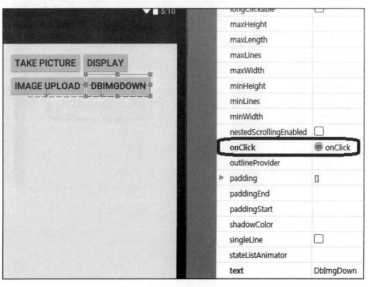

〈그림 34〉

〈그림 35〉와 같이 "Button"을 하나 더 작성한다.

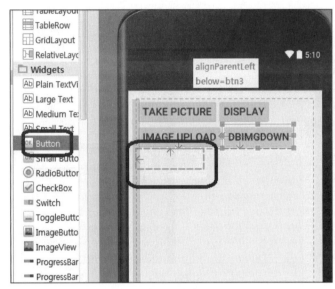

〈그림 35〉

방금 작성된 "Button"을 더블 클릭한 다음, 〈그림 36〉과 같이 "text:" 위치에 "MODIFY" 라고 입력한다. 이어서, "id"는 "btn5", "textSize"는 "20dp"로 입력한다.

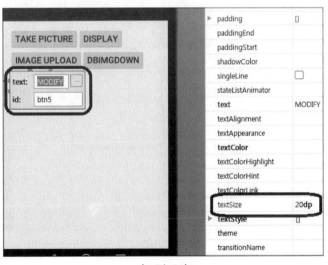

〈그림 36〉

〈그림 37〉과 같이 "onClick" 속성을 클릭한 다음, 오른쪽에 "onClick"이라고 입력한다.

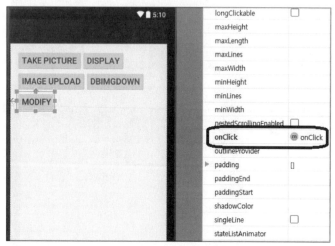

〈그림 37〉

〈그림 38〉과 같이 "Plain Text"를 하나 작성한다.

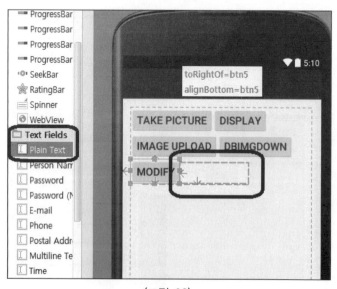

〈그림 38〉

〈그림 39〉와 같이 "width"에 "70dp"라고 입력한다. 이어서, "textSize"는 "20dp"로 입력한다.

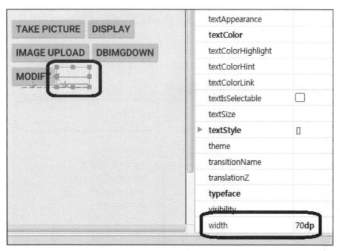

〈그림 39〉

〈그림 40〉과 같이 "ImageView"를 작성한다.

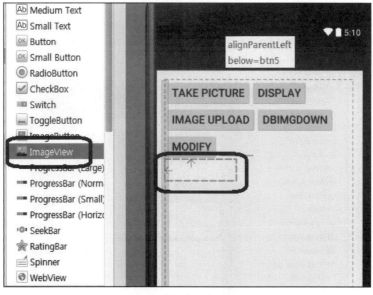

〈그림 40〉

방금 작성된 "ImageView"을 클릭한 다음, 〈그림 41〉과 같이 "layout:width"와 "layout: height" 위치에 "match_parent"를 선택한다.

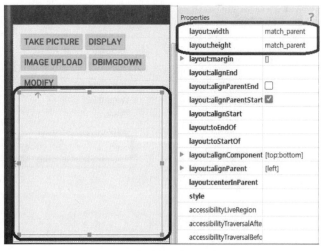

〈그림 41〉

"ImageView"을 더블 클릭한 다음, 〈그림 42〉와 같이 "id:" 위치에 "iv1"라고 입력한다.

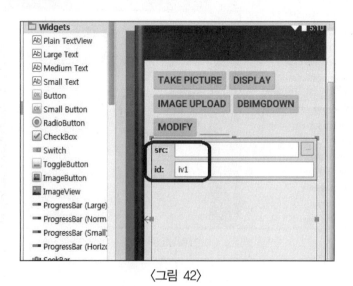

〈그림 42〉

〈그림 43〉과 같이 "MainActivity"를 더블 클릭 한 다음, 코드를 입력한다.

```
String urls2 = "http://xxx.xxx.xxx.xxx/DbPicSend.php";
String urls3 = "http://xxx.xxx.xxx.xxx/DbImgDown2_Modify.php";
```

에서 xxx부분은 자신의 IP주소를 직접 입력한다. 〈그림 43〉은 전체코드의 일부임으로 아래의 전체 코드를 참조하길 바란다.

〈그림 43〉

입력된 전체 코드는 다음과 같다.

```
public class MainActivity extends AppCompatActivity {
 private static final int pic = 0;
 String urls2 = "http://xxx.xxx.xxx.xxx/DbPicSend.php";
 String urls3 = "http://xxx.xxx.xxx.xxx/DbImgDown2_Modify.php";
 ImageView iv;
```

```java
Bitmap img;
EditText et1;
atask at;
btask bt;
utask ut;
URL url;
String etid, etid2, mode, sid, msg1, urls;
OutputStreamWriter sw;
File file;
Uri uri;
BitmapFactory.Options opt;


@Override
protected void onCreate(Bundle savedInstanceState) {
 super.onCreate(savedInstanceState);
 setContentView(R.layout.activity_main);
 iv = (ImageView) findViewById(R.id.iv1);
 et1 = (EditText)findViewById(R.id.editText);
 file = new File("/sdcard/pic01.jpg");
 uri = Uri.fromFile(file);
 opt = new BitmapFactory.Options();
 opt.inSampleSize = 2;
}


public void onClick(View v) {
 switch(v.getId()){
  case R.id.btn1: Intent i = new Intent(android.provider.
                  MediaStore.ACTION_IMAGE_CAPTURE);
    i.putExtra(android.provider.MediaStore.EXTRA_OUTPUT, uri);
    startActivityForResult(i, pic);
    break;
  case R.id.btn2:
    Bitmap bm1 = BitmapFactory.decodeFile(
                      file.getAbsolutePath(), opt);
    iv.setImageBitmap(bm1);
    break;
```

```
  case R.id.btn3:
    ut = new utask();
    ut.execute(file.toString());
    break;
  case R.id.btn4:
    etid = et1.getText().toString();
    mode = "s"; //save mode
    etid2 = etid;
    urls = urls3;
    at = new atask();
    bt = new btask();
    at.execute(etid, mode);
    break;
  case R.id.btn5:
    mode = "m"; //modify mode
    urls = urls3;
    at = new atask();
    bt = new btask();
    at.execute(etid2, mode);
  }
}


private class atask extends AsyncTask<String, String, String> {
@Override
 protected String doInBackground(String... params) {
 sid = (String)params[0];
 mode = (String)params[1];
 StringBuilder sb = new StringBuilder();
 try{
    msg1 = URLEncoder.encode("id", "UTF-8") + "=" +
                  URLEncoder.encode(sid, "UTF-8");
    msg1 += "&" + URLEncoder.encode("type", "UTF-8") + "=" +
                  URLEncoder.encode(mode, "UTF-8");
    url = new URL(urls);
    HttpURLConnection conn = (HttpURLConnection)url.
                  openConnection();
    conn.setDoOutput(true);
```

```
      sw = new OutputStreamWriter(conn.getOutputStream());
      sw.write(msg1);
      sw.flush();
      sw.close();
      BufferedReader br = new BufferedReader(new InputStreamReader
                  (conn.getInputStream(), "UTF-8"));
      while(true){
        String ln = br.readLine();
        if(ln == null) break;
        sb.append(ln + "\n");
      }
      br.close();
      conn.disconnect();
    } catch(Exception ex){ ex.printStackTrace(); }
      return sb.toString();
}

protected void onPostExecute(String str){
    bt.execute(str);
  }
}


private class btask extends AsyncTask<String, String, Bitmap> {
@Override
protected Bitmap doInBackground(String... URI) {
try{
 URI[0] = "http://xxx.xxx.xxx.xxx/phonefile/" + URI[0].toString();
 url = new URL(URI[0]);
 runOnUiThread(new Thread(new Runnable() {
  @Override
  public void run() {
    //et.setText(url.toString());
  }
 }));
HttpURLConnection conn = (HttpURLConnection) url.openConnection();
 InputStream is = conn.getInputStream();
 img = BitmapFactory.decodeStream(is);
```

```
 conn.disconnect();
}catch(IOException e){
 e.printStackTrace();
}
 return img;
}

protected void onPostExecute(Bitmap img){
  iv.setImageBitmap(img);
 }
}


private class utask extends AsyncTask<String, String, String> {
@Override
protected String doInBackground(String... URI) {
String imgPath = URI[0];
DataOutputStream os = null;
String border = "#";
String two = "--";
String nl = "\n";
byte[] buf = null;
int bufSz = 1024 * 1024, ret=0;
File imgFile = new File(imgPath);
if (imgFile.isFile()) {
try {
  FileInputStream fis = new FileInputStream(imgFile);
  url = new URL(urls2);
  HttpURLConnection conn = (HttpURLConnection) url.openConn
        ection();
  conn.setDoOutput(true);
  conn.setRequestProperty("Content-Type",
        "multipart/form-data;boundary=" + border);
  os = new DataOutputStream(conn.getOutputStream());
  os.writeBytes(two + border + nl);
  os.writeBytes("Content-Disposition: form-data; " +
        "name=\"phone\";filename=\"" + imgPath + "\"" + nl);
  os.writeBytes(nl);
```

```
    do {
      if (buf == null) buf = new byte[bufSz];
      ret = fis.read(buf, 0, bufSz);
      os.write(buf, 0, bufSz);
    } while (ret> 0);
    os.writeBytes(nl + two + border + two + nl);
    conn.getResponseCode();
    fis.close();
    os.close();
    } catch (Exception ex) { ex.printStackTrace(); }
  }
  return " => imgUploading OK";
}


protected void onPostExecute(String str){
 //et.append(str);
}
}



@Override
public void onActivityResult(int request_code,
                              int      result_code, Intent data)
{

if(request_code == pic && result_code == RESULT_OK) {
  onClick(findViewById(R.id.btn2));
}
}
}
```

〈그림 44〉와 같이 "AndroidManifest.xml" 파일을 열어 코드를 추가한다.

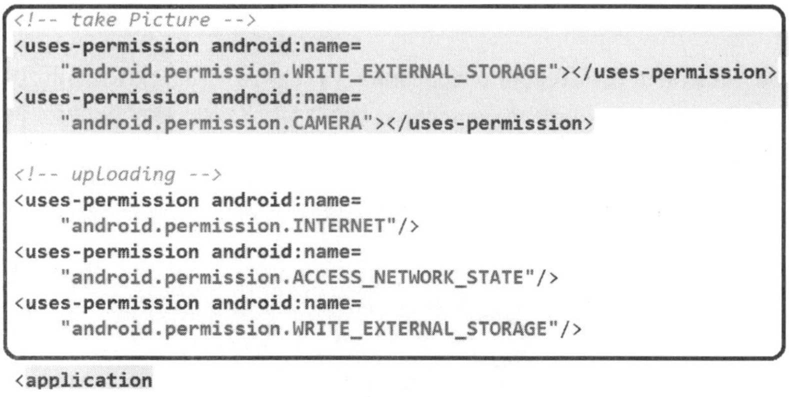

〈그림 44〉

입력된 코드는 다음과 같다.

```
<uses-permission android:name=
    "android.permission.WRITE_EXTERNAL_STORAGE"></uses-permission>
<uses-permission android:name=
    "android.permission.CAMERA"></uses-permission>
<uses-permission android:name=
    "android.permission.INTERNET"/>
<uses-permission android:name=
    "android.permission.ACCESS_NETWORK_STATE"/>
```

〈그림 45〉와 같이 두 번째 "build.gradle"를 더블 클릭 한 다음, 이전의 내용은 주석처리 하고 수정된 내용으로 입력한다.

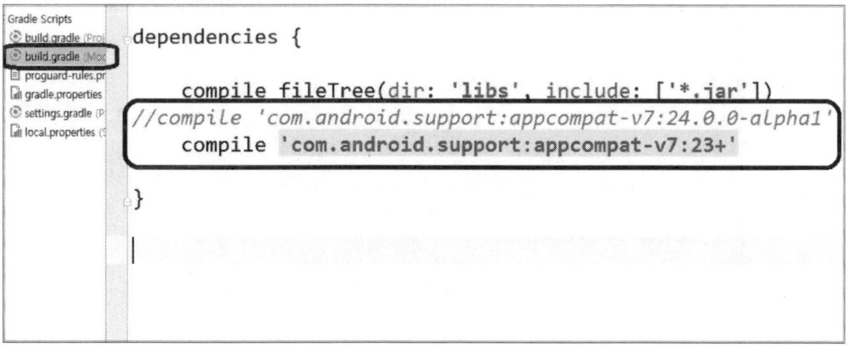

〈그림 45〉

입력된 코드는 다음과 같다.

```
//compile 'com.android.support:appcompat-v7:24.0.0-alpha1' //주석처리
compile 'com.android.support:appcompat-v7:23+' //새로 추가
```

〈그림 46〉과 같이 실행 아이콘을 클릭하여 실행한다.

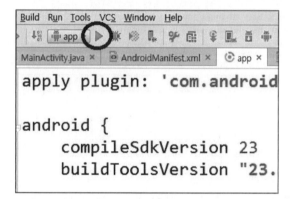

〈그림 46〉

〈그림 47〉과 같이 "실행하고자 하는 스마트 폰(자신의 스마트 폰)"을 선택하고 "OK" 버튼을 클릭한다.(교재의 이번 예에서는 태블릿(Tablet)에서 실행된 화면이지만, 폰(Phone)의 실행 방법도 동일하다.)

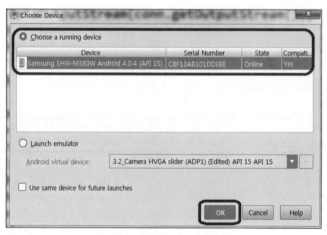

〈그림 47〉

실행 결과는 〈그림 48〉과 같다.

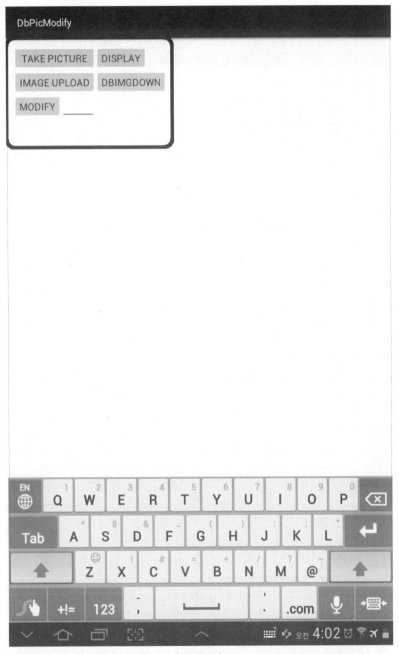

〈그림 48〉

EditText에 소문자 "a"나 대문자 "A"를 입력한다. 이어서, 〈그림 49〉와 같이 "DBIMGDOWN"
버튼을 클릭한다.

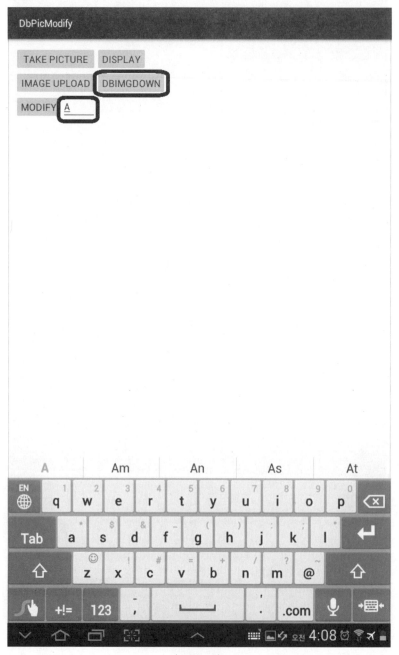

〈그림 49〉

실행 결과는 〈그림 50〉과 같으며, "TAKE PICTURE" 버튼을 클릭한다.

〈그림 50〉

카메라 응용이 실행되어 촬영가능 상태가 되면 원하는 장면을 촬영한다. 이어서, 〈그림 51〉과 같이 "저장" 버튼을 클릭한다.

〈그림 51〉

〈그림 52〉과 같이 다시 초기화면으로 돌아가면, "DISPLAY" 버튼을 클릭한다.

〈그림 52〉

이어서, 〈그림 53〉과 같이 서버에 사진 파일을 전송하기위해 "IMAGE UPLOAD"버튼을 클릭한다.

〈그림 53〉

서버에 전송된 파일의 위치는 〈그림 54〉와 같이 "C:\APM_Setup\htdocs \phonefile"에서 확인할 수 있다.

〈그림 54〉

〈그림 55〉와 같이 "MODIFY" 버튼을 클릭한다.

〈그림 55〉

"MODIFY" 버튼을 클릭한 결과 〈그림 56〉과 같이 데이터베이스에 저장되어 있던, "a.jpg" 파일을 카메라로 촬영된 사진 이미지(pic01.jpg)로 대체되었음을 알 수 있다.

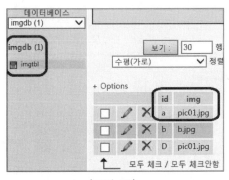

〈그림 56〉

촬영된 사진 이미지는 Phone의 경우 〈그림 57〉과 같이 "컴퓨터\SHV-E250S\Phone" 폴더 아래에 "pic01.jpg"과 같이 저장되어 있음을 알 수 있다. (Tablet의 경우는 "컴퓨터\SHW-M380W\Tablet" 아래에 "pic01.jpg" 와 같이 저장된다.)

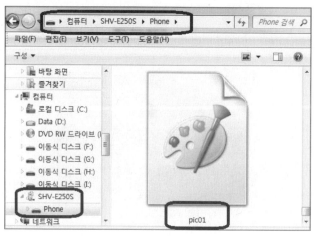

〈그림 57〉

스마트 폰을 이용해 실행할 수 없는 상황이라면, 〈그림 58〉과 같이 가상장치를 이용해 실행할 수도 있다. 그림과 같이 에뮬레이터(emulator)를 선택하고 "OK"를 클릭한다.

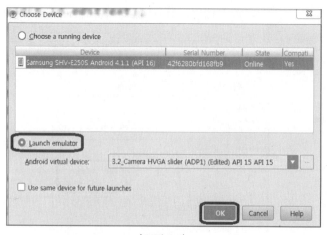

〈그림 58〉

〈그림 59〉와 같이 EditText에 "b"를 입력한 다음, "DBIMGDOWN" 버튼을 클릭 한다.

〈그림 59〉

〈그림 60〉과 같이 "DISPLAY"버튼을 클릭한 다음, "Take Picture" 버튼을 클릭 한다.

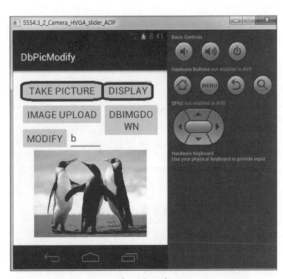

〈그림 60〉

〈그림 61〉과 같이 중앙 하단 위치를 클릭하여 가상 장치의 카메라 촬영을 한다. 이어서, 별 모양을 클릭하여 이전 단계로 이동한다.

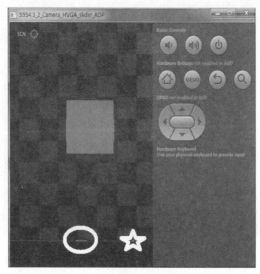

〈그림 61〉

〈그림 62〉와 같이 다시 초기화면으로 돌아가면, "IMAGE UPLOAD" 버튼을 클릭하여 서버로 업로드하고 "MODIFY" 버튼을 클릭하여 데이터베이스의 내용을 수정한다.

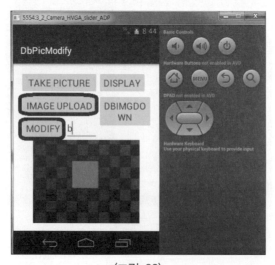

〈그림 62〉

서버에 전송된 파일의 위치는 〈그림 63〉과 같이 "C:\APM_Setup\htdocs \phonefile"에서 확인할 수 있다.

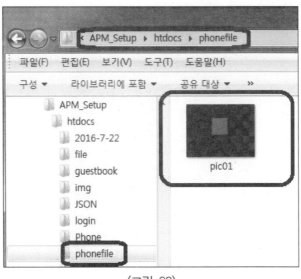

〈그림 63〉

촬영하여 전송한 사진 파일이 데이터베이스에 저장되었음을 확인하기 위해 MySQL에 접속한다. 〈그림 64〉와 같이 촬영한 사진 파일이 잘 저장되었음을 확인할 수 있다.

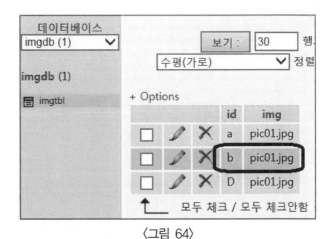

〈그림 64〉

이상으로 10장의 실습을 모두 마친다.

CHAPTER 11

서버의 동영상을
폰에서 실행하기

서버의 동영상을 폰에서 실행하기

이번 장에서는 서버의 동영상을 출력하는 방법을 알아본다. 먼저, 서버의 동영상 파일을 저장하고 있는 폴더에서 한 개의 동영상을 스마트 폰에 출력하는 방법을 알아본다. 이어서, 서버의 여러 동영상 중에서 한 개의 동영상을 선택하여 출력하는 방법을 알아본다.

11.1 서버의 동영상을 폰에서 실행하기

먼저, 다운받을 서버의 동영상을 준비하기위해 〈그림 1〉과 같이 "C:\APM _Setup\htdocs" 아래에 file 이라는 폴더를 만든다.

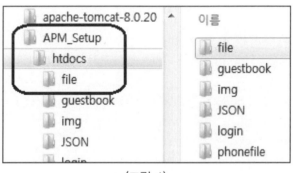

〈그림 1〉

임의의 동영상 파일을 준비한 다음, "a.mp4"라고 이름을 변경한다. 이어서, "C:\APM_Setup\htdocs\file" 폴더 아래에 옮겨 놓는다. 최종 결과는 〈그림 2〉와 같다.

〈그림 2〉

안드로이드 스튜디오를 실행시킨다. 〈그림 3〉과 같이 "MovieDown"이라고 입력한 다음, "Next" 버튼을 3번 연속 클릭한다. 이어서, "Finish" 버튼을 클릭한다.

〈그림 3〉

〈그림 4〉와 같이 "activity_main.xml" 파일에 있는 "TextView"를 클릭한 다음, "Delete" 키를 눌러 삭제한다.

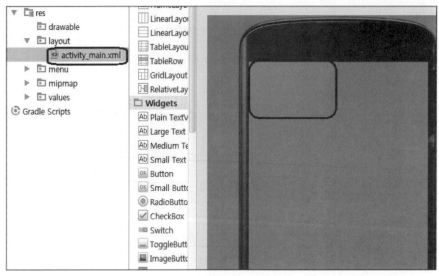

〈그림 4〉

〈그림 5〉와 같이 "videoView"를 좌측 상단 쪽에 작성한다.

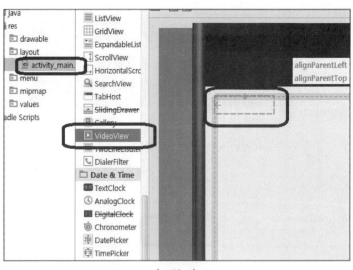

〈그림 5〉

〈그림 6〉과 같이 "minHeight"와 "minWidth"의 값을 각각 "300dp", "350dp"로 입력한다.

〈그림 6〉

〈그림 7〉과 같이 "MainActivity"를 더블 클릭 한 다음, 코드를 입력한다. 입력한 코드 중 〈String iUri = "http://xxx.xxx.xxx.xxx/file/";〉에서, xxx 부분은 자신의 고정 IP주소 를 직접 입력한다.

```java
import ...

public class MainActivity extends AppCompatActivity {
    VideoView v1;
    MediaController mc;
    String iUri = "http://xxx.xxx.xxx.xxx/file/";
    //xxx는 자신의 IP주소
    @Override
    protected void onCreate(Bundle savedInstanceState) {
        super.onCreate(savedInstanceState);
        setContentView(R.layout.activity_main);

        v1 = (VideoView)this.findViewById(R.id.videoView);
        mc = new MediaController(this);
        v1.setMediaController(mc);

        v1.setVideoPath(iUri + "a.mp4");
        v1.requestFocus();
        v1.start();
    }
}
```

〈그림 7〉

입력된 코드는 다음과 같다.

```
public class MainActivity extends AppCompatActivity {
    VideoView v1;
    MediaController mc;
    String iUri = "http://xxx.xxx.xxx.xxx/file/";
    //xxx는 자신의 IP주소
    @Override
    protected void onCreate(Bundle savedInstanceState) {
        super.onCreate(savedInstanceState);
        setContentView(R.layout.activity_main);

        v1 = (VideoView)this.findViewById(R.id.videoView);
        mc = new MediaController(this);
        v1.setMediaController(mc);

        v1.setVideoPath(iUri + "a.mp4");
        v1.requestFocus();
        v1.start();
    }
}
```

〈그림 8〉과 같이 "AndroidManifest.xml" 파일을 열어 코드를 추가한다.

〈그림 8〉

입력된 코드는 다음과 같다.

```
<uses-permission android:name="android.permission.INTERNET"/>
```

〈그림 9〉와 같이 두 번째 "build.gradle"를 더블 클릭한 다음 수정된 내용으로 입력한다.

〈그림 9〉

입력된 코드는 다음과 같다.

```
//compile 'com.android.support:appcompat-v7:24.0.0-alpha1' //주석처리
compile 'com.android.support:appcompat-v7:23+' //새로 추가
```

〈그림 10〉과 같이 실행 아이콘을 클릭하여 실행한다.

〈그림 10〉

〈그림 11〉과 같이 "실행하고자 하는 스마트 폰(자신의 스마트 폰)"을 선택하고 "OK" 버튼
을 클릭한다.(교재 예에서는 태블릿(Tablet)에서 실행된 화면이지만, 폰(Phone)의 실행 방
법도 동일하다.)

CHAPTER 11. 서버의 동영상을 폰에서 실행하기   **267**

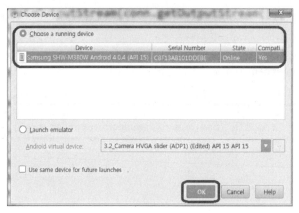

〈그림 11〉

동영상이 출력된 실행 결과는 〈그림 12〉와 같다. 동영상 중앙을 클릭한다.

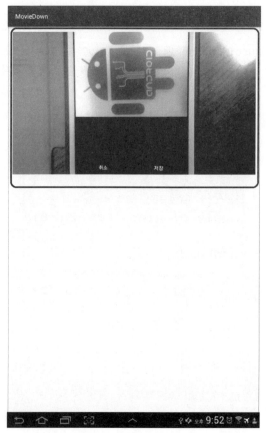

〈그림 12〉

실행 결과는 〈그림 13〉과 같이 컨트롤 바가 나타나고 동영상을 제어하는데 사용할 수 있다.

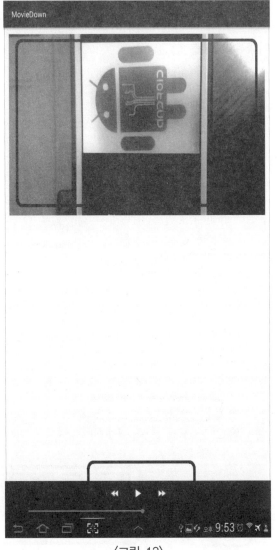

〈그림 13〉

이상으로 실습을 마친다.

11.2 서버의 동영상들에서 폰에서 선택하여 실행하기

먼저, 다운받을 서버의 이미지를 준비하기 위해 〈그림 14〉와 같이 "C:\APM_Setup\htdocs" 아래에 file 이라는 폴더를 만든다(만약 file 폴더가 이미 존재하면 만들지 않고 다음으로 넘어간다).

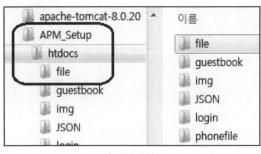

〈그림 14〉

임의의 동영상 파일 두 개를 구해서, "a.mp4"와 "b.mp4"라고 이름을 변경한다. 이어서, "C:\APM_Setup\htdocs\file" 폴더 아래에 옮겨 놓는다. 최종 결과는 〈그림 15〉와 같다.

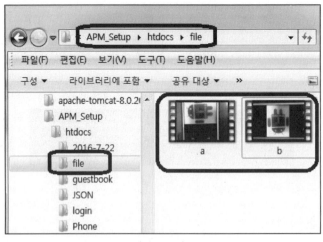

〈그림 15〉

안드로이드 스튜디오를 실행시킨다. 〈그림 16〉과 같이 "MovieDown2"라고 입력한 다음, "Next" 버튼을 3번 연속 클릭한다. 이어서, "Finish" 버튼을 클릭한다.

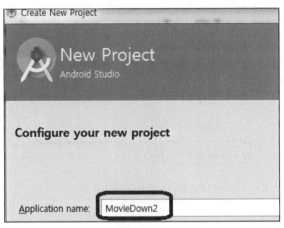

〈그림 16〉

〈그림 17〉과 같이 "activity_main.xml" 파일에 있는 "TextView"를 클릭한 다음, "Delete" 키를 눌러 삭제한다.

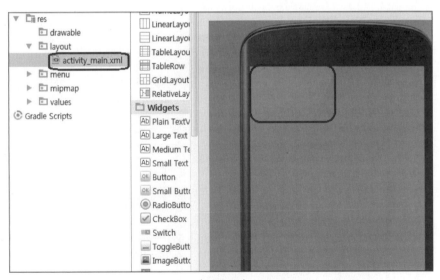

〈그림 17〉

〈그림 18〉과 같이 "videoView"를 좌측 상단 쪽에 작성한다.

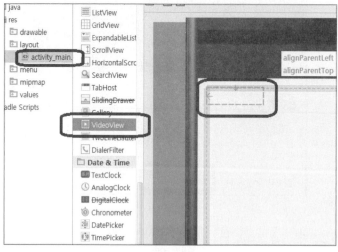

〈그림 18〉

〈그림 19〉와 같이 "minHeight"와 "minWidth"의 값을 각각 "300dp", "350dp"로 입력한다.

〈그림 19〉

〈그림 20〉과 같이 "layout : margin"의 "top" 속성을 클릭한 다음, "50dp"로 입력한다. 결과는 그림과 같이 videoView 가 약간 아래쪽으로 이동될 것이다.

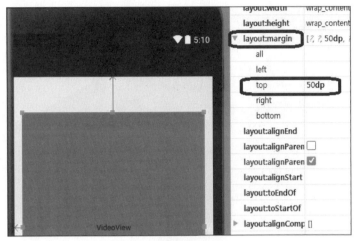

〈그림 20〉

〈그림 21〉과 같이 "Plain Text"를 하나 작성한다.

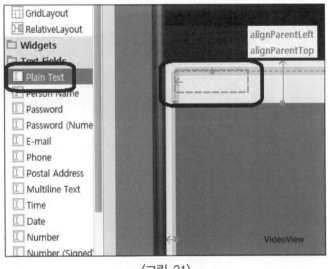

〈그림 21〉

〈그림 22〉와 같이 "width"에 "150dp"라고 입력한다.

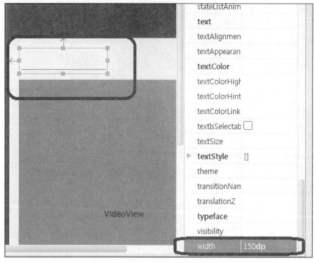

〈그림 22〉

〈그림 23〉과 같이 "Button"을 작성한다.

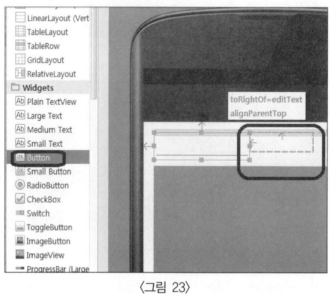

〈그림 23〉

〈그림 24〉와 같이 작성된 "Button"을 더블 클릭한 다음, "movie play"라고 입력한다.

〈그림 24〉

〈그림 25〉와 같이 "onClick" 속성을 클릭한 다음, 오른쪽에 "onClick"이라고 입력한다.

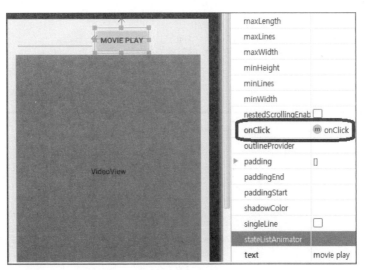

〈그림 25〉

〈그림 26〉과 같이 "MainActivity"를 더블 클릭 한 다음, 코드를 입력한다. 입력한 코드 중 〈String iUri = "http://xxx.xxx.xxx.xxx/file/";〉에서, xxx 부분은 자신의 고정 IP주소를 직접 입력한다.

```
import ...

public class MainActivity extends AppCompatActivity {
    VideoView v1;
    MediaController mc;
    String iUri = "http://xxx.xxx.xxx.xxx/file/"; //xxx는 자신의 IP주소
    EditText et;
    Button btn;
    String set;
    @Override
    protected void onCreate(Bundle savedInstanceState) {
        super.onCreate(savedInstanceState);
        setContentView(R.layout.activity_main);
        et = (EditText)findViewById(R.id.editText);
        btn = (Button)findViewById(R.id.button);
        v1 = (VideoView)this.findViewById(R.id.videoView);
        mc = new MediaController(this);
        v1.setMediaController(mc);
    }
    public void onClick(View v){
        set = et.getText().toString();
        v1.setVideoPath(iUri + set + ".mp4");
        v1.requestFocus();
        v1.start();
    }
}
```

〈그림 26〉

입력된 코드는 다음과 같다.

```
public class MainActivity extends AppCompatActivity {

    VideoView v1;
    MediaController mc;
    String iUri = "http://xxx.xxx.xxx.xxx/file/"; //xxx는 자신의 IP주소
    EditText et;
    Button btn;
    String set;
    @Override
```

```
protected void onCreate(Bundle savedInstanceState) {
    super.onCreate(savedInstanceState);
    setContentView(R.layout.activity_main);
    et = (EditText)findViewById(R.id.editText);
    btn = (Button)findViewById(R.id.button);
    v1 = (VideoView)this.findViewById(R.id.videoView);
    mc = new MediaController(this);
    v1.setMediaController(mc);
}

public void onClick(View v){
    set = et.getText().toString();
    v1.setVideoPath(iUri + set + ".mp4");
    v1.requestFocus();
    v1.start();
}

}
```

〈그림 27〉과 같이 "AndroidManifest.xml" 파일을 열어 코드를 추가한다.

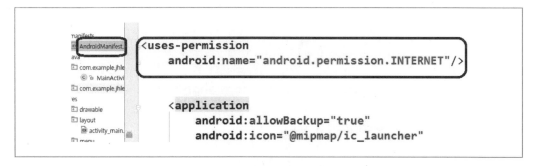

〈그림 27〉

입력된 코드는 다음과 같다.

```
<uses-permission android:name="android.permission.INTERNET"/>
```

〈그림 28〉과 같이 두 번째 "build.gradle"를 더블 클릭한 다음 수정된 내용으로 입력한다.

```
Gradle Scripts
  build.gradle (Pro
  build.gradle (Mod
  proguard-rules.pr
  gradle.properties
  settings.gradle (P
  local.properties (S

dependencies {

    compile fileTree(dir: 'libs', include: ['*.jar'])
//compile 'com.android.support:appcompat-v7:24.0.0-alpha1'
    compile 'com.android.support:appcompat-v7:23+'

}
```

〈그림 28〉

입력된 코드는 다음과 같다.

```
//compile 'com.android.support:appcompat-v7:24.0.0-alpha1' //주석처리
compile 'com.android.support:appcompat-v7:23+' //새로 추가
```

〈그림 29〉와 같이 실행 아이콘을 클릭하여 실행한다.

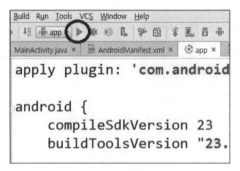

〈그림 29〉

〈그림 30〉과 같이 "실행하고자 하는 스마트 폰(자신의 스마트 폰)"을 선택하고 "OK" 버튼을 클릭한다.

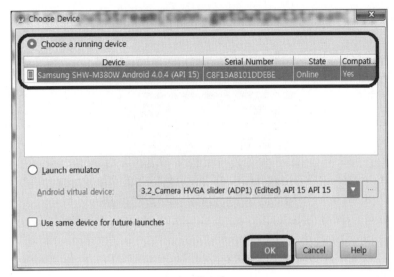

〈그림 30〉

〈그림 31〉은 "A"라고 입력 한 다음, 버튼을 클릭하여 실행한 결과이다.

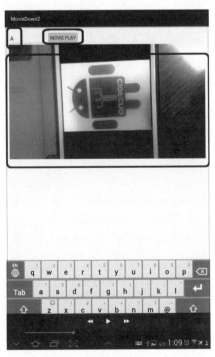

〈그림 31〉

〈그림 32〉는 "B"라고 입력 한 다음, 버튼을 클릭하여 실행한 결과이다.

〈그림 32〉

이상으로 11장의 실습을 마친다.

CHAPTER 12

DB의 동영상을
스마트폰에 출력하기

ANDROID

DB의 동영상을 스마트폰에 출력하기

이번 장에서는 DB의 동영상을 스마트 폰에 출력해본다. 동영상을 포함한 간단한 DB와 테이블은 MySQL DB를 이용해 작성한다. DB에 동영상 파일 이름만을 저장하는 방법으로 동영상을 저장하는 방법을 실습하기로 한다. DB의 동영상을 검색해 스마트 폰에 출력하기 위한 방법은 PHP 코드를 이용하기로 한다.

12.1 MySQL를 이용한 동영상 DB 만들기

MySQL을 이용해 DB와 테이블을 만들기 위해 〈그림 1〉과 같이 "http://localhost/myadmin/"에서 사용자명과 암호를 입력하여 DB에 접속한다.

〈그림 1〉

〈그림 2〉와 같이 "moviedb"라고 입력하고 "만들기" 버튼을 클릭한다.

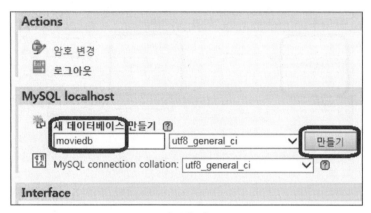

〈그림 2〉

〈그림 3〉과 같이 "movietbl"이라고 입력한 다음, "Number of fields"에 "2"라고 입력한다. 이어서, "실행" 버튼을 클릭한다.

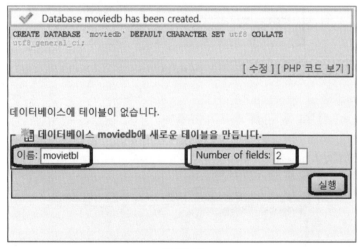

〈그림 3〉

〈그림 4〉와 같이 "id, VARCHAR, 10"와 "movie, VARCHAR, 20"이라고 입력한 다음, 화면 가장 아래쪽의 "저장" 버튼을 클릭한다.

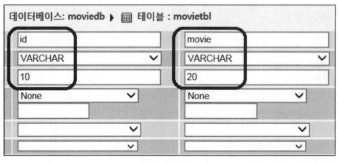

〈그림 4〉

〈그림 5〉와 같이 "삽입" 버튼을 클릭한다.

〈그림 5〉

〈그림 6〉과 같이 "A"와 "a.mp4"라고 입력하고 "실행" 버튼을 클릭한다.

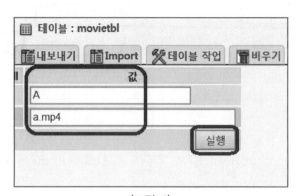

〈그림 6〉

〈그림 7〉과 같이 "삽입" 버튼을 클릭한다.

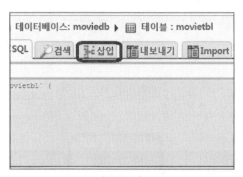

〈그림 7〉

〈그림 8〉과 같이 "B"와 "b.mp4"라고 입력하고 "실행" 버튼을 클릭한다.

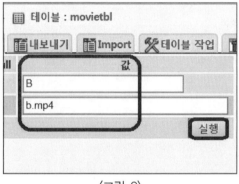

〈그림 8〉

〈그림 9〉와 같이 "보기" 버튼을 클릭한다.

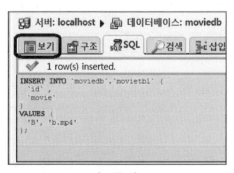

〈그림 9〉

지금까지 데이터베이스에 작성된 내용은 〈그림 10〉과 같다.

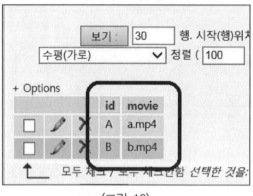

〈그림 10〉

이상으로 실습을 마친다.

12.2 DB의 동영상을 출력하는 PHP 코드 작성하기

〈그림 11〉과 같이 메모장에 코드를 작성한다.

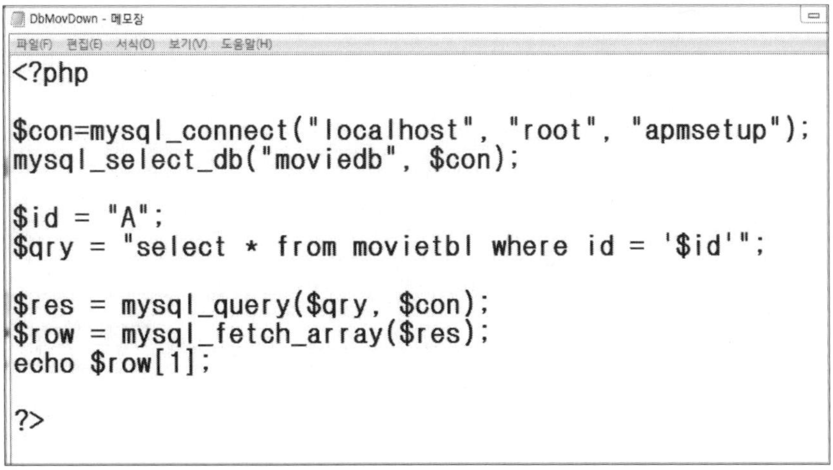

```
DbMovDown - 메모장
파일(F) 편집(E) 서식(O) 보기(V) 도움말(H)
<?php

$con=mysql_connect("localhost", "root", "apmsetup");
mysql_select_db("moviedb", $con);

$id = "A";
$qry = "select * from movietbl where id = '$id'";

$res = mysql_query($qry, $con);
$row = mysql_fetch_array($res);
echo $row[1];

?>
```

〈그림 11〉

작성된 코드는 다음과 같다.

```php
<?php
$con=mysql_connect("localhost", "root", "apmsetup");
mysql_select_db("moviedb", $con);

$id = "A";
$qry = "select * from movietbl where id = '$id'";

$res = mysql_query($qry, $con);
$row = mysql_fetch_array($res);
echo $row[1];
?>
```

〈그림 12〉와 같이 "C:\APM_Setup\htdocs" 폴더 아래에 "DbMovDown.php"라고 저장한다.

〈그림 12〉

이상으로 PHP 코드의 작성을 마친다.

12.3 DB의 동영상을 스마트폰에 출력하기

동영상을 저장하기 위해 〈그림 13〉과 같이 "C:\APM_Setup\htdocs" 아래에 file 이라는 폴더를 만든다(만약 file 폴더가 이미 존재하면 만들지 않고 다음으로 넘어간다).

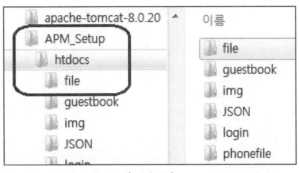

〈그림 13〉

임의의 동영상 파일 두 개를 구해서, "a.mp4"와 "b.mp4"라고 이름을 변경한다. 이어서, "C:\APM_Setup\htdocs\file" 폴더 아래에 옮겨 놓는다. 최종 결과는 〈그림 14〉와 같다.

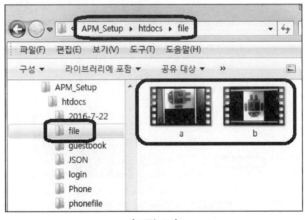

〈그림 14〉

안드로이드 스튜디오를 실행시킨다. 〈그림 15〉와 같이 "DbMovDown1"이라고 입력한 다음, "Next" 버튼을 3번 연속 클릭한다. 이어서, "Finish" 버튼을 클릭한다.

〈그림 15〉

〈그림 16〉과 같이 "activity_main.xml" 파일에 있는 "TextView"를 클릭한 다음, "Delete" 키를 눌러 삭제한다.

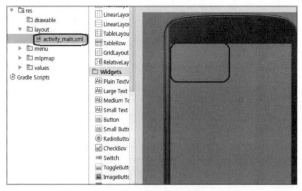

〈그림 16〉

〈그림 17〉과 같이 "videoView"를 좌측 상단 쪽에 작성한다.

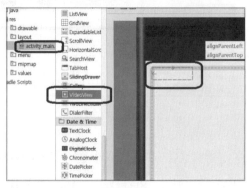

〈그림 17〉

〈그림 18〉과 같이 "minHeight"와 "minWidth"의 값을 각각 "300dp", "350dp"로 입력한다.

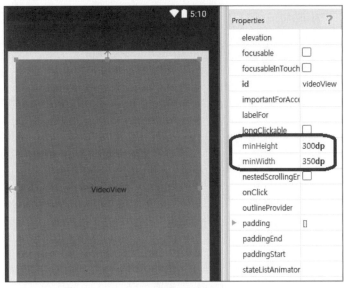

〈그림 18〉

〈그림 19〉와 같이 "layout : margin"의 "top" 속성을 클릭한 다음, "50dp"로 입력한다. 결과는 그림과 같이 videoView 가 약간 아래쪽으로 이동될 것이다.

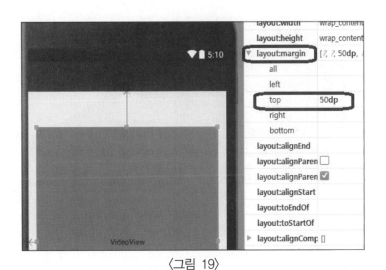

〈그림 19〉

〈그림 20〉과 같이 "Plain Text"를 하나 작성한다.

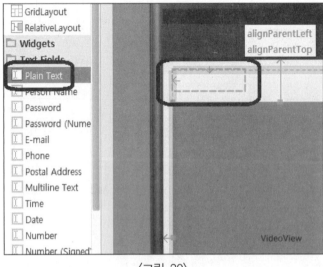
〈그림 20〉

〈그림 21〉과 같이 "width"에 "150dp"라고 입력한다.

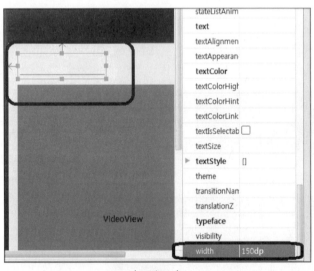
〈그림 21〉

〈그림 22〉와 같이 "Button"을 작성한다.

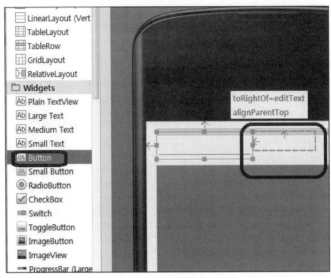

〈그림 22〉

〈그림 23〉과 같이 작성된 "Button"을 더블 클릭한 다음, "movie play"라고 입력한다.

〈그림 23〉

〈그림 24〉와 같이 "onClick" 속성을 클릭한 다음, 오른쪽에 "onClick"이라고 입력한다.

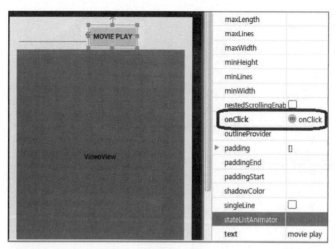

〈그림 24〉

"MainActivity"를 더블 클릭 한 다음, 〈그림 25〉와 같이 코드를 입력한다.

```java
import ...
public class MainActivity extends AppCompatActivity {
    VideoView v1;
    MediaController mc;
    String iUri = "http://xxx.xxx.xxx.xxx/file/"; //xxx는 자신의 IP주소
    EditText et;
    Button btn;
    atask at;
    URL url;
    @Override
    protected void onCreate(Bundle savedInstanceState) {
        super.onCreate(savedInstanceState);
        setContentView(R.layout.activity_main);
        et = (EditText) findViewById(R.id.editText);
        btn = (Button) findViewById(R.id.button);
        v1 = (VideoView) this.findViewById(R.id.videoView);
        mc = new MediaController(this);
        v1.setMediaController(mc);
    }
    public void onClick(View v) {
        at = new atask();
        at.execute("http://xxx.xxx.xxx.xxx/DbMovDown.php");
    }
    private class atask extends AsyncTask<String, String, String> {
        @Override
        protected String doInBackground(String... urls) {
            StringBuilder sb = new StringBuilder();
            try {
                url = new URL(urls[0]);
                HttpURLConnection conn =
```

```
            HttpURLConnection conn =
                    (HttpURLConnection) url.openConnection();
            BufferedReader br = new BufferedReader(new
                    InputStreamReader(conn.getInputStream(), "UTF-8"));
            while (true) {
                String ln = br.readLine();
                if (ln == null) break;
                sb.append(ln + "\n");
            }
            br.close();
            conn.disconnect();
        } catch (Exception ex) {
            ex.printStackTrace();
        }
        return sb.toString();
    }
    protected void onPostExecute(String str) {
        v1.setVideoPath(iUri + str);
        v1.requestFocus();
        v1.start();
    }
    }
}
```

〈그림 25〉

위에서 입력한 코드 중 〈String iUri = "http://xxx.xxx.xxx.xxx/file/";〉에서, xxx 부분은 자신의 고정 IP주소를 직접 입력한다. 입력된 전체 코드는 다음과 같다.

```
public class MainActivity extends AppCompatActivity {

    VideoView v1;
    MediaController mc;
    String iUri = "http://xxx.xxx.xxx.xxx/file/"; //xxx는 자신의 IP주소
    EditText et;
    Button btn;
    atask at;
    URL url;


    @Override
    protected void onCreate(Bundle savedInstanceState) {
        super.onCreate(savedInstanceState);
```

```
        setContentView(R.layout.activity_main);
        et = (EditText) findViewById(R.id.editText);
        btn = (Button) findViewById(R.id.button);
        v1 = (VideoView) this.findViewById(R.id.videoView);
        mc = new MediaController(this);
        v1.setMediaController(mc);
    }

    public void onClick(View v) {
        at = new atask();
        at.execute("http://xxx.xxx.xxx.xxx/DbMovDown.php");
    }

    private class atask extends AsyncTask<String, String, String> {
        @Override
        protected String doInBackground(String... urls) {
            StringBuilder sb = new StringBuilder();
            try {
                url = new URL(urls[0]);
                HttpURLConnection conn =
                    (HttpURLConnection) url.openConnection();
                BufferedReader br = new BufferedReader(new
                    InputStreamReader(conn.getInputStream(), "UTF-8"));
                while (true) {
                    String ln = br.readLine();
                    if (ln == null) break;
                    sb.append(ln + "\n");
                }
                br.close();
                conn.disconnect();
            } catch (Exception ex) {
                ex.printStackTrace();
            }
            return sb.toString();
        }

        protected void onPostExecute(String str) {
            v1.setVideoPath(iUri + str);
```

```
                v1.requestFocus();
                v1.start();
            }
        }
    }
}
```

〈그림 26〉과 같이 "AndroidManifest.xml" 파일을 열어 코드를 추가한다.

〈그림 26〉

입력된 코드는 다음과 같다.

```
<uses-permission android:name="android.permission.INTERNET"/>
```

〈그림 27〉과 같이 두 번째 "build.gradle"를 더블 클릭한 다음 수정된 내용으로 입력한다.

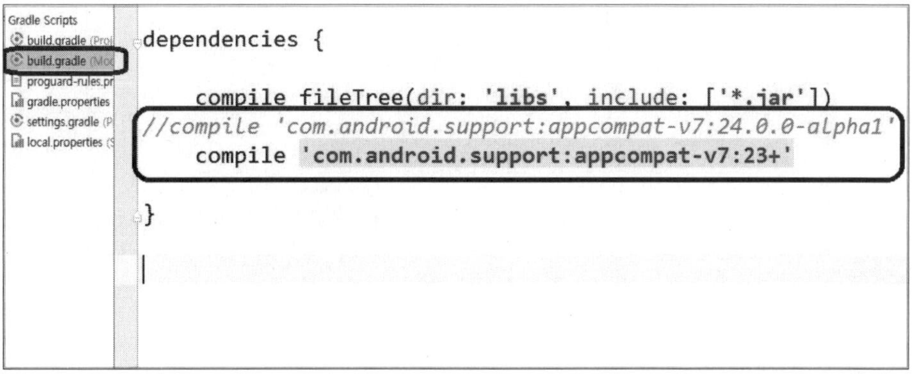

〈그림 27〉

입력된 코드는 다음과 같다.

```
//compile 'com.android.support:appcompat-v7:24.0.0-alpha1' //주석처리
compile 'com.android.support:appcompat-v7:23+' //새로 추가
```

〈그림 28〉과 같이 실행 아이콘을 클릭하여 실행한다.

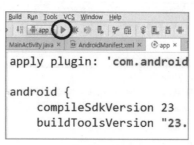

〈그림 28〉

〈그림 29〉와 같이 "실행하고자 하는 스마트 폰"을 선택하고 "OK" 버튼을 클릭한다.

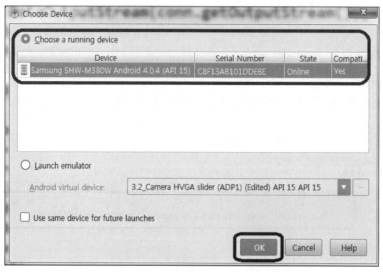

〈그림 29〉

〈그림 30〉은 실행된 초기 결과이다.

〈그림 30〉

〈그림 31〉과 같이 "A"라고 입력 한 다음, 버튼을 클릭한다.

〈그림 31〉

〈그림 32〉와 같이 DB에 있는 동영상중 A에 해당되는 동영상(a.mp4)이 검색되어 해당되는 동영상이 플레이 된 것이다(현재 까지는 A(id)에 해당되는 동영상만 플레이 되지만, 다음 예에서는 여러 동영상중 원하는 동영상이 검색되어 실행되게 할 것이다). 동영상이 재생되는 도중에 동영상의 가운데를 클릭하면 아래와 같이 제어 바가 나타날 것이다.

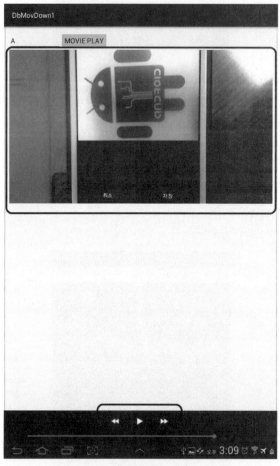

〈그림 32〉

이상으로 12장의 실습을 모두 마친다.

CHAPTER 13

스마트폰에서 선택한
동영상 출력하기

스마트폰에서 선택한 동영상 출력하기

ᑎᑎᗪᖇOIᗪ

이번 장에서는 스마트폰에서 선택한 DB의 동영상을 스마트 폰에 출력해본다. 동영상을 포함한 간단한 DB와 테이블은 MySQL DB를 이용해 작성한다. 스마트폰에서 선택한 DB의 동영상을 검색해 스마트 폰에 출력하기 위한 방법은 PHP 코드를 이용하기로 한다.

13.1 DB 만들기(MySQL 버전)

MySQL을 이용해 DB와 테이블을 만들기 위해 〈그림 1〉과 같이 "http:// localhost/ myadmin/"에서 사용자명과 암호를 입력하여 DB에 접속한다(12장에서 moviedb를 만들었다면, 13.2 절부터 실행하면 된다).

〈그림 1〉

〈그림 2〉와 같이 "moviedb"라고 입력하고 "만들기" 버튼을 클릭한다.

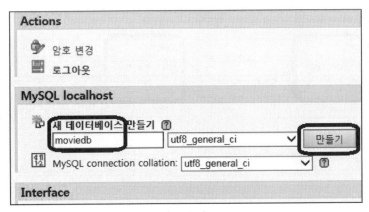

〈그림 2〉

〈그림 3〉과 같이 "movietbl"이라고 입력한 다음, "Number of fields"에 "2"라고 입력한다. 이어서, "실행" 버튼을 클릭한다.

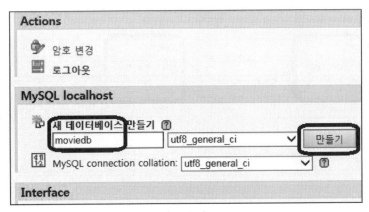

〈그림 3〉

〈그림 4〉와 같이 "id, VARCHAR, 10"와 "movie, VARCHAR, 20"이라고 입력한 다음, 화면 가장 아래쪽의 "저장" 버튼을 클릭한다.

데이터베이스: **moviedb** ▶ 🔲 테이블 : **movietbl**

id	movie
VARCHAR	VARCHAR
10	20
None	None

〈그림 4〉

〈그림 5〉와 같이 "삽입" 버튼을 클릭한다.

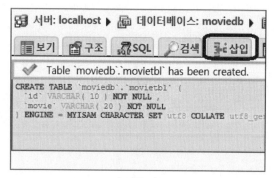

〈그림 5〉

〈그림 6〉과 같이 "A"와 "a.mp4"라고 입력하고 "실행" 버튼을 클릭한다.

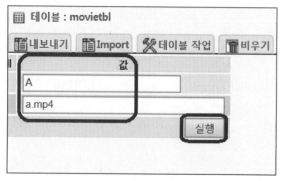

〈그림 6〉

〈그림 7〉과 같이 "삽입" 버튼을 클릭한다.

〈그림 7〉

〈그림 8〉과 같이 "B"와 "b.mp4"라고 입력하고 "실행" 버튼을 클릭한다.

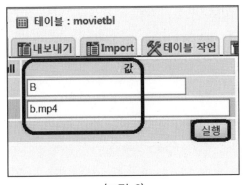

〈그림 8〉

〈그림 9〉와 같이 "보기" 버튼을 클릭한다.

〈그림 9〉

지금까지 데이터베이스에 작성된 내용은 〈그림 10〉과 같다.

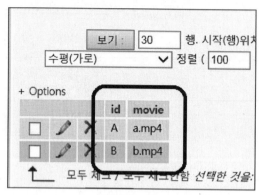

〈그림 10〉

이상으로 DB와 테이블 만들기의 실습을 마친다.

13.2 동영상 출력을 위한 PHP 코드 작성하기

〈그림 11〉과 같이 메모장에 코드를 작성한다.

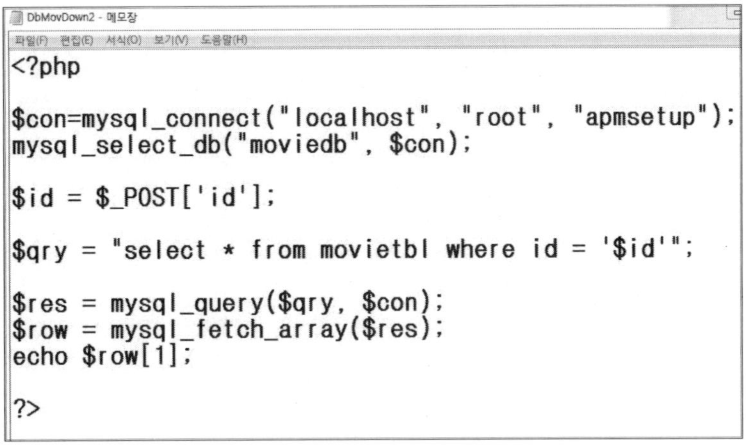

```
DbMovDown2 - 메모장
파일(F) 편집(E) 서식(O) 보기(V) 도움말(H)
<?php

$con=mysql_connect("localhost", "root", "apmsetup");
mysql_select_db("moviedb", $con);

$id = $_POST['id'];

$qry = "select * from movietbl where id = '$id'";

$res = mysql_query($qry, $con);
$row = mysql_fetch_array($res);
echo $row[1];

?>
```

〈그림 11〉

작성된 코드는 다음과 같다.

```php
<?php

$con=mysql_connect("localhost", "root", "apmsetup");
mysql_select_db("moviedb", $con);

$id = $_POST['id'];

$qry = "select * from movietbl where id = '$id'";

$res = mysql_query($qry, $con);
$row = mysql_fetch_array($res);
echo $row[1];

?>
```

〈그림 12〉와 같이 "C:\APM_Setup\htdocs" 폴더 아래에 "DbMovDown2.php"라고 저장
한다.

〈그림 12〉

이상으로 PHP 코드의 작성을 마친다.

13.3 스마트폰에서 선택한 DB 동영상 출력하기

동영상을 저장하기 위해 〈그림 13〉과 같이 "C:\APM_Setup\htdocs" 아래에 file 이라는 폴더를 만든다(만약 file 폴더가 이미 존재하면 만들지 않고 다음으로 넘어간다).

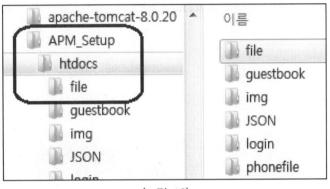
〈그림 13〉

임의의 동영상 파일 두 개를 구해서, "a.mp4"와 "b.mp4"라고 이름을 변경한다. 이어서, "C:\APM_Setup\htdocs\file" 폴더 아래에 옮겨 놓는다. 최종 결과는 〈그림 14〉와 같다.

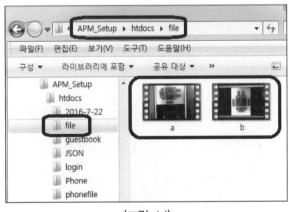
〈그림 14〉

안드로이드 스튜디오를 실행시킨다. 〈그림 15〉와 같이 "DbMovDown2"라고 입력한 다음, "Next" 버튼을 3번 연속 클릭한다. 이어서, "Finish" 버튼을 클릭한다.

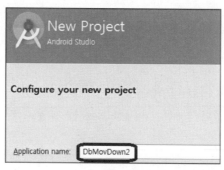

〈그림 15〉

〈그림 16〉과 같이 "activity_main.xml" 파일에 있는 "TextView"를 클릭한 다음, "Delete" 키를 눌러 삭제한다.

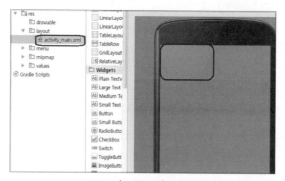

〈그림 16〉

〈그림 17〉과 같이 "videoView"를 좌측 상단 쪽에 작성한다.

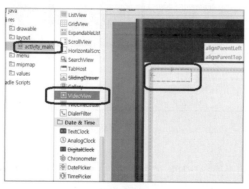

〈그림 17〉

〈그림 18〉과 같이 "minHeight"와 "minWidth"의 값을 각각 "300dp", "350dp"로 입력한다.

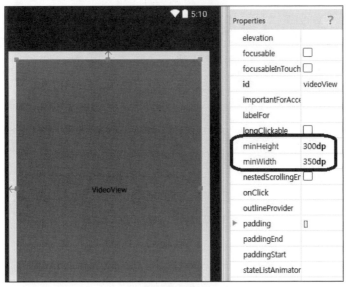

〈그림 18〉

〈그림 19〉와 같이 "layout : margin"의 "top" 속성을 클릭한 다음, "50dp"로 입력한다. 결과는 그림과 같이 videoView 가 약간 아래쪽으로 이동될 것이다.

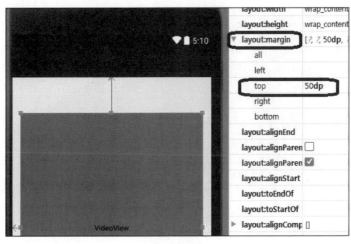

〈그림 19〉

〈그림 20〉과 같이 "Plain Text"를 하나 작성한다.

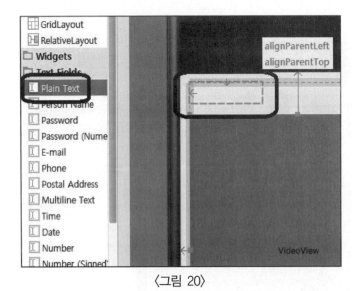

〈그림 20〉

〈그림 21〉과 같이 "width"에 "150dp"라고 입력한다.

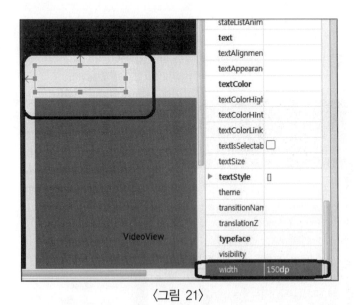

〈그림 21〉

〈그림 22〉와 같이 "Button"을 작성한다.

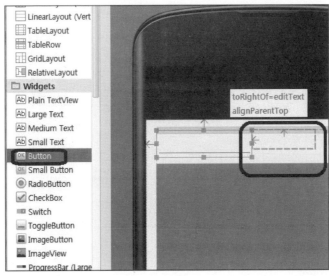

〈그림 22〉

〈그림 23〉과 같이 작성된 "Button"을 더블 클릭한 다음, "movie play"라고 입력한다.

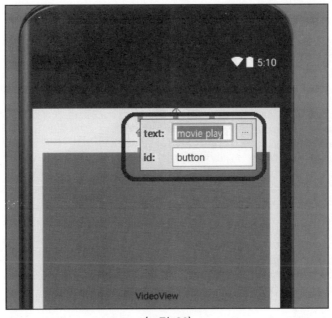

〈그림 23〉

〈그림 24〉와 같이 "onClick" 속성을 클릭한 다음, 오른쪽에 "onClick"이라고 입력한다.

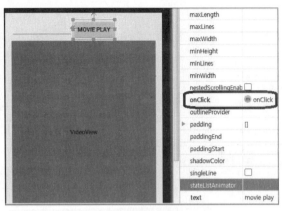

maxLength	
maxLines	
maxWidth	
minHeight	
minLines	
minWidth	
nestedScrollingEnab	☐
onClick	ⓜ onClick
outlineProvider	
padding	▯
paddingEnd	
paddingStart	
shadowColor	
singleLine	☐
stateListAnimator	
text	movie play

〈그림 24〉

"MainActivity"를 더블 클릭 한 다음, 〈그림 25〉와 같이 코드를 입력한다.

```java
public class MainActivity extends AppCompatActivity {
    String url1 = "http://xxx.xxx.xxx.xxx/DbMovDown2.php";
    URL url;
    String etid, sid, msg1;
    OutputStreamWriter sw;
    VideoView v1;
    MediaController mc;
    String url2 = "http://xxx.xxx.xxx.xxx/file/"; //xxx는 자신의 IP주소
    EditText et;
    Button btn;
    atask at;
    @Override
    protected void onCreate(Bundle savedInstanceState) {
        super.onCreate(savedInstanceState);
        setContentView(R.layout.activity_main);
        et = (EditText) findViewById(R.id.editText);
        btn = (Button) findViewById(R.id.button);
        v1 = (VideoView) this.findViewById(R.id.videoView);
        mc = new MediaController(this);
        v1.setMediaController(mc);
    }
    public void onClick(View v) {
        etid = et.getText().toString();
        at = new atask();
        at.execute(etid);
    }
    private class atask extends AsyncTask<String, String, String> {
        @Override
        protected String doInBackground(String... params) {
            sid = (String)params[0];
```

```
        StringBuilder sb = new StringBuilder();
        try {
            msg1 = URLEncoder.encode("id", "UTF-8") + "=" +
                    URLEncoder.encode(sid, "UTF-8");
            url = new URL(url1);
            HttpURLConnection conn =
                    (HttpURLConnection) url.openConnection();
            conn.setDoOutput(true);
            sw = new OutputStreamWriter(conn.getOutputStream());
            sw.write(msg1);
            sw.flush();
            sw.close();
            BufferedReader br = new BufferedReader(new
                    InputStreamReader(conn.getInputStream(), "UTF-8"));
            while (true) {
                String ln = br.readLine();
                if (ln == null) break;
                sb.append(ln + "\n");
            }
            br.close();
            conn.disconnect();
        } catch (Exception ex) {
            ex.printStackTrace();
        }
        return sb.toString();
    }
    protected void onPostExecute(String str) { //str => A.mp4, B.mp4
        v1.setVideoPath(url2 + str);
        v1.requestFocus();
        v1.start();          } } }
```

〈그림 25〉

위에서 입력한 코드 중 〈String iUri = "http://xxx.xxx.xxx.xxx/file/";〉에서, xxx 부분은 자신의 고정 IP주소를 직접 입력한다. 입력된 전체 코드는 다음과 같다.

```
public class MainActivity extends AppCompatActivity {

    String url1 = "http://xxx.xxx.xxx.xxx/DbMovDown2.php";
    URL url;
    String etid, sid, msg1;
    OutputStreamWriter sw;
    VideoView v1;
```

```
MediaController mc;
String url2 = "http://xxx.xxx.xxx.xxx/file/"; //xxx는 자신의 IP주소
EditText et;
Button btn;
atask at;

@Override
protected void onCreate(Bundle savedInstanceState) {
    super.onCreate(savedInstanceState);
    setContentView(R.layout.activity_main);
    et = (EditText) findViewById(R.id.editText);
    btn = (Button) findViewById(R.id.button);
    v1 = (VideoView) this.findViewById(R.id.videoView);
    mc = new MediaController(this);
    v1.setMediaController(mc);
}

public void onClick(View v) {
    etid = et.getText().toString();
    at = new atask();
    at.execute(etid);
}

private class atask extends AsyncTask<String, String, String> {
    @Override
    protected String doInBackground(String... params) {
        sid = (String)params[0];
        StringBuilder sb = new StringBuilder();
        try {
            msg1 = URLEncoder.encode("id", "UTF-8") + "=" +
                    URLEncoder.encode(sid, "UTF-8");
            url = new URL(url1);
            HttpURLConnection conn =
                    (HttpURLConnection) url.openConnection();
            conn.setDoOutput(true);
            sw = new OutputStreamWriter(conn.getOutputStream());
            sw.write(msg1);
            sw.flush();
```

```
            sw.close();
            BufferedReader br = new BufferedReader(new
                InputStreamReader(conn.getInputStream(), "UTF-8"));
            while (true) {
                String ln = br.readLine();
                if (ln == null) break;
                sb.append(ln + "\n");
            }
            br.close();
            conn.disconnect();
        } catch (Exception ex) {
            ex.printStackTrace();
        }
        return sb.toString();
    }

    protected void onPostExecute(String str) { //str => A.mp4, B.mp4
        v1.setVideoPath(url2 + str);
        v1.requestFocus();
        v1.start();
    }
  }
}
```

〈그림 26〉과 같이 "AndroidManifest.xml" 파일을 열어 코드를 추가한다.

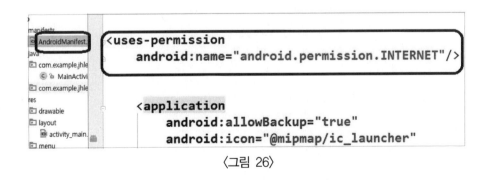

〈그림 26〉

입력된 코드는 다음과 같다.

```
<uses-permission android:name="android.permission.INTERNET"/>
```

〈그림 27〉과 같이 두 번째 "build.gradle"를 더블 클릭한 다음 수정된 내용으로 입력한다.

```
Gradle Scripts
  build.gradle (Proj
  build.gradle (Mod
  proguard-rules.pr
  gradle.properties
  settings.gradle (P
  local.properties (S

dependencies {

    compile fileTree(dir: 'libs', include: ['*.jar'])
    //compile 'com.android.support:appcompat-v7:24.0.0-alpha1'
    compile 'com.android.support:appcompat-v7:23+'

}
```

〈그림 27〉

입력된 코드는 다음과 같다.

```
//compile 'com.android.support:appcompat-v7:24.0.0-alpha1' //주석처리
compile 'com.android.support:appcompat-v7:23+' //새로 추가
```

〈그림 28〉과 같이 실행 아이콘을 클릭하여 실행한다.

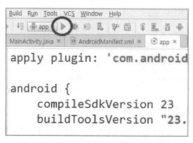

〈그림 28〉

〈그림 29〉와 같이 "실행하고자 하는 스마트 폰"을 선택하고 "OK" 버튼을 클릭한다.

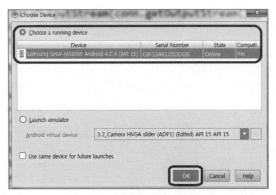

〈그림 29〉

〈그림 30〉은 실행된 초기 결과이다.

〈그림 30〉

〈그림 31〉과 같이 "A"라고 입력 한 다음, 버튼을 클릭한다.

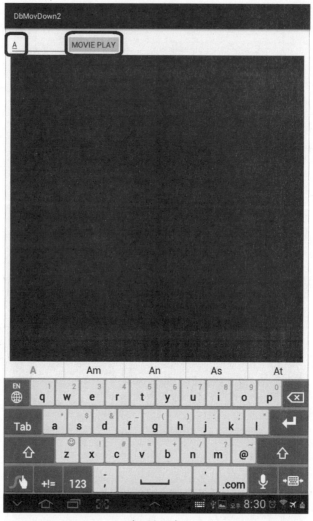

〈그림 31〉

〈그림 32〉는 DB에 있는 동영상중 A에 해당되는 동영상(a.mp4)이 검색되어 해당되는 동영상이 플레이 된 것이다.

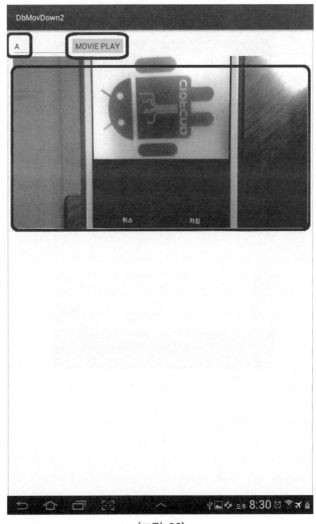

〈그림 32〉

　〈그림 33〉과 같이 "B"라고 입력 한 다음, 버튼을 클릭한다. 〈그림 33〉과 같이 DB에 있는 동영상중 B에 해당되는 동영상(b.mp4)이 검색되어 해당되는 동영상이 플레이 된 것이다. 동영상이 재생되는 도중에 동영상의 가운데를 클릭하면 제어 바가 나타날 것이다. 제어 바를 통해 재생을 멈추거나 다시 재생시키는 것을 제어할 수 있다.

〈그림 33〉

이상으로 13장의 실습을 마친다.

CHAPTER 14

서버에 동영상을 업로드하기

ANDROID

서버에 동영상을 업로드하기

이번 장에서는 스마트 폰에 있는 동영상을 서버에 전송하는 방법을 알아본다. 먼저, 동영상을 업로드하기 위한 PHP 코드를 작성해본다. 이어서, 서버에 동영상을 업로드하기 위한 안드로이드 프로젝트를 작성하여 동영상을 서버에 전송해본다.

14.1 동영상 업로드를 위한 PHP 코드 작성하기

〈그림 1〉과 같이 메모장에 코드를 작성한다.

```php
<?php

    $loc = "phonefile/";
    $loc = $loc.basename( $_FILES['phone']['name']);
    if(move_uploaded_file
        ($_FILES['phone']['tmp_name'], $loc))
    {
        echo "success";
    }
    else
    {
        echo "fail";
    }
?>
```

〈그림 1〉

작성된 코드는 다음과 같다.

```php
<?php

    $loc = "phonefile/";
    $loc = $loc.basename($_FILES['phone']['name']);
    if(move_uploaded_file
            ($_FILES['phone']['tmp_name'], $loc))
    {
        echo "success";
    }
    else
    {
        echo "fail";
    }

?>
```

〈그림 2〉와 같이 "C:\APM_Setup\htdocs" 폴더 아래에 "MovSend.php"라고 저장한다.

〈그림 2〉

이상으로 PHP 코드의 작성을 마친다.

14.2 서버에 동영상을 업로드하기

〈그림 3〉과 같이 "C:\APM_Setup\htdocs" 아래에 phonefile 이라는 폴더를 만든다.

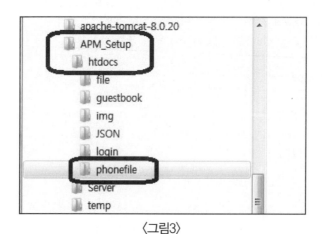

〈그림3〉

안드로이드 스튜디오를 실행시킨다. 〈그림 4〉와 같이 "MovUpload"라고 입력한 다음, "Next" 버튼 클릭한다.

〈그림 4〉

〈그림 5〉와 같이 "API 15: Android 4.0.3(IcecreamSandwich)"를 선택한 다음, "Next" 버튼을 2번 연속 클릭한다. 이어서, "Finish" 버튼을 클릭한다.

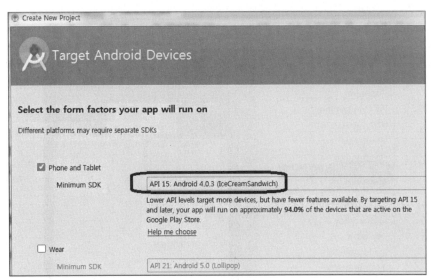

〈그림 5〉

〈그림 6〉과 같이 "activity_main.xml" 파일에 있는 "TextView"를 클릭한 다음, "Delete" 키를 눌러 삭제한다.

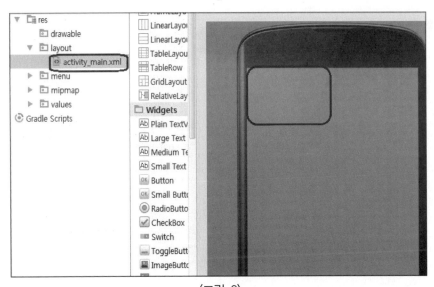

〈그림 6〉

〈그림 7〉과 같이 "Button"을 작성한다.

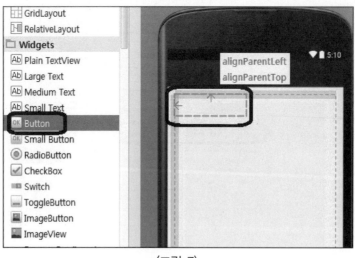

〈그림 7〉

방금 작성된 "Button"을 더블 클릭한 다음, 〈그림 8〉과 같이 "text:" 위치에 "movie upload" 라고 입력한다. 이어서, "textSize"는 "30dp"로 입력한다.

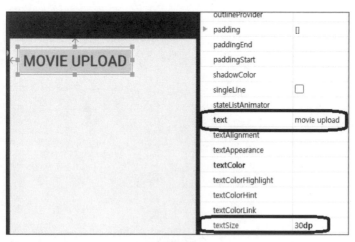

〈그림 8〉

〈그림 9〉와 같이 "onClick" 속성을 클릭한 다음, 오른쪽에 "onClick"이라고 입력한다.

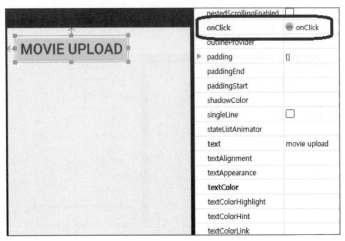

〈그림 9〉

〈그림 10〉과 같이 "Plain Text"를 하나 작성한다.

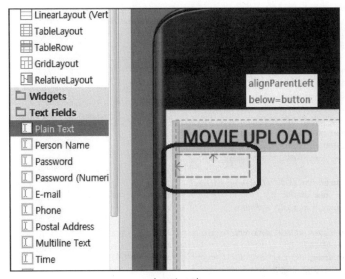

〈그림 10〉

〈그림 11〉과 같이 "textSize"에 "20dp", "width"에 "350dp"라고 입력한다.

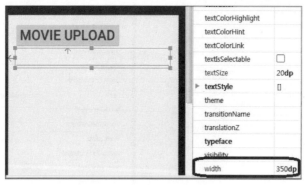

〈그림 11〉

〈그림 12〉와 같이 "MainActivity"를 더블 클릭 한 다음, 코드를 입력한다.

```java
public class MainActivity extends AppCompatActivity{
    String dir1 = Environment.getExternalStorageDirectory().getPath();
    final String dir2 = dir1 + "/DCIM/Camera/";
    final String fname = "a.mp4";
    String url1 = "http://xxx.xxx.xxx.xxx/MovSend.php"; //자신의 IP
    EditText et;
    atask at;
    URL url;
    @Override
    protected void onCreate(Bundle savedInstanceState) {
        super.onCreate(savedInstanceState);
        setContentView(R.layout.activity_main);
        et = (EditText)findViewById(R.id.editText);
    }
    public void onClick(View v){
        at = new atask();
        at.execute(dir2 + fname);
    }
    private class atask extends AsyncTask<String, String, String> {
        @Override
        protected String doInBackground(String... URI) {
            String imgPath = URI[0];
            DataOutputStream os = null;
            String border = "#";
            String two = "--";
            String nl = "\n";
            byte[] buf = null;
            int bufSz = 1024 * 1024, ret=0;
            File imgFile = new File(imgPath);
            if (imgFile.isFile()) {
```

```
        if (imgFile.isFile()) {
                try{
                        FileInputStream fis = new FileInputStream(imgFile);
                        url = new URL(url1);
                        HttpURLConnection conn = (HttpURLConnection) url.openConnection();
                        conn.setDoOutput(true);
                        conn.setRequestProperty("Content-Type",
                                "multipart/form-data;boundary=" + border);
                        os = new DataOutputStream(conn.getOutputStream());
                        os.writeBytes(two + border + nl);
                        os.writeBytes("Content-Disposition: form-data; " +
                                "name=\"phone\";filename=\"" + imgPath + "\"" + nl);
                        os.writeBytes(nl);
                        do {
                            if (buf == null) buf = new byte[bufSz];
                            ret = fis.read(buf, 0, bufSz);
                            os.write(buf, 0, bufSz);
                        } while (ret > 0);
                        os.writeBytes(nl + two + border + two + nl); //--#   --#--
                        conn.getResponseCode();
                        fis.close();
                        os.close();
                } catch (Exception ex) { ex.printStackTrace(); }
        }
        return "=> Movie Uploading OK";
    }
    protected void onPostExecute(String str) { et.setText(str); //et.append(str);
    }
}
```

〈그림 12〉

입력한 코드 〈String url1 = "http://xxx.xxx.xxx.xxx/MovSend.php";〉에서 xxx부분
은 자신의 IP주소를 직접 입력한다. 입력된 전체 코드는 다음과 같다.

```
public class MainActivity extends AppCompatActivity{

  String dir1 = Environment.getExternalStorageDirectory().getPath();
  final String dir2 = dir1 + "/DCIM/Camera/";
  final String fname = "a.mp4";
  String url1 = "http://xxx.xxx.xxx.xxx/MovSend.php"; //자신의 IP
  EditText et;
  atask at;
  URL url;
  @Override
```

```
protected void onCreate(Bundle savedInstanceState) {
    super.onCreate(savedInstanceState);
    setContentView(R.layout.activity_main);
    et = (EditText)findViewById(R.id.editText);
}

public void onClick(View v){
    at = new atask();
    at.execute(dir2 + fname);
}

private class atask extends AsyncTask<String, String, String> {
    @Override
    protected String doInBackground(String... URI) {
        String imgPath = URI[0];
        DataOutputStream os = null;
        String border = "#";
        String two = "--";
        String nl = "\n";
        byte[] buf = null;
        int bufSz = 1024 * 1024, ret=0;
        File imgFile = new File(imgPath);
        if (imgFile.isFile()) {

            try{
                FileInputStream fis = new FileInputStream(imgFile);
                url = new URL(url1);
    HttpURLConnection conn = (HttpURLConnection) url.openConnection();
                conn.setDoOutput(true);
                conn.setRequestProperty("Content-Type",
                    "multipart/form-data;boundary=" + border);
                os = new DataOutputStream(conn.getOutputStream());
                os.writeBytes(two + border + nl);
                os.writeBytes("Content-Disposition: form-data; " +
                 "name=\"phone\";filename=\"" + imgPath + "\"" + nl);
                os.writeBytes(nl);
                do {
                    if (buf == null) buf = new byte[bufSz];
                    ret = fis.read(buf, 0, bufSz);
                    os.write(buf, 0, bufSz);
```

```
                } while (ret> 0);
                os.writeBytes(nl + two + border + two + nl);
                conn.getResponseCode();
                fis.close();
                os.close();
            } catch (Exception ex) { ex.printStackTrace(); }
        }
        return "=> Movie Uploading OK";
    }

    protected void onPostExecute(String str){
        et.setText(str); //et.append(str);
    }
  }
}
```

〈그림 13〉과 같이 "AndroidManifest.xml" 파일을 열어 코드를 추가한다.

```
<uses-permission android:name=
    "android.permission.INTERNET"/>
<uses-permission android:name=
    "android.permission.ACCESS_NETWORK_STATE"/>
<uses-permission android:name=
    "android.permission.WRITE_EXTERNAL_STORAGE"/>


<application
    android:allowBackup="true"
    android:icon="@mipmap/ic_launcher"
    android:label="MovUpload"
    android:theme="@style/AppTheme" >
    <activity
```

〈그림 13〉

입력된 코드는 다음과 같다.

```
<uses-permission android:name=
      "android.permission.INTERNET"/>
```

```
<uses-permission android:name=
        "android.permission.ACCESS_NETWORK_STATE"/>

<uses-permission android:name=
        "android.permission.WRITE_EXTERNAL_STORAGE"/>
```

〈그림 14〉와 같이 두 번째 "build.gradle"를 더블 클릭 한 다음, 이전의 내용은 주석처리하고 수정된 내용으로 입력한다.

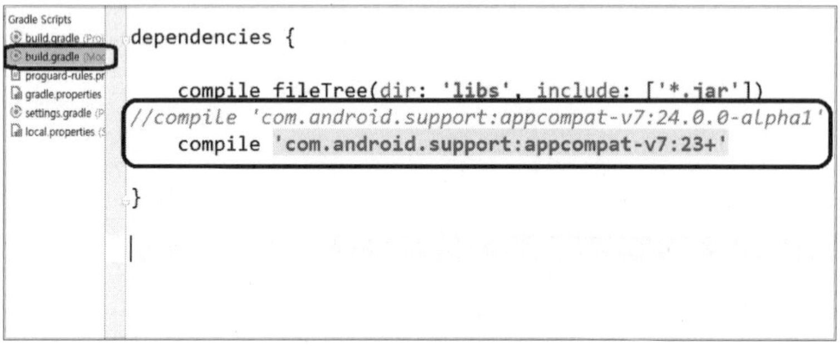

〈그림 14〉

입력된 코드는 다음과 같다.

```
//compile 'com.android.support:appcompat-v7:24.0.0-alpha1' //주석처리
compile 'com.android.support:appcompat-v7:23+' //새로 추가
```

〈그림 15〉와 같이 실행 아이콘을 클릭하여 실행한다.

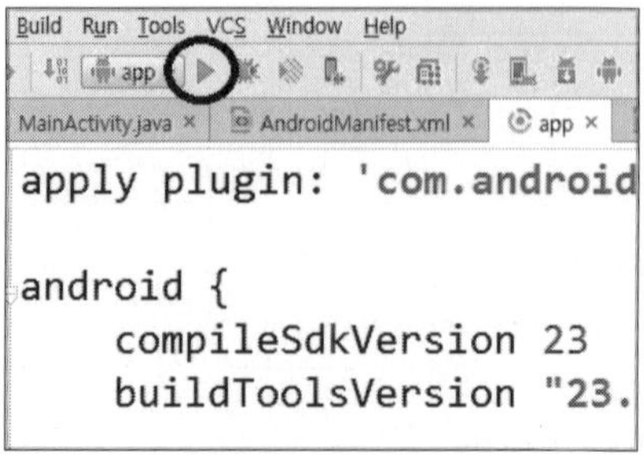

〈그림 15〉

〈그림 16〉과 같이 "실행하고자 하는 스마트 폰(자신의 스마트 폰)"을 선택하고 "OK" 버튼을 클릭한다.

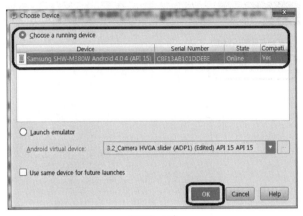

〈그림 16〉

실행 결과는 〈그림 17〉과 같으며, "MOVIE UPLOAD" 버튼을 클릭한다.

〈그림 17〉

실행 결과는 〈그림 18〉과 같다.

〈그림 18〉

지금까지의 실행 결과는 〈그림 19〉와 같이 해당 동영상 파일이 서버에 전송된 것을 확인
할 수 있다.

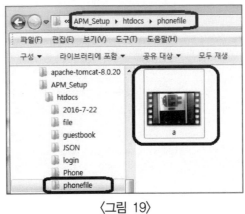

〈그림 19〉

이상으로 14장의 실습을 마친다.

CHAPTER 15

서버 DB에
동영상을 업로드하기

ANDROID

서버 DB에 동영상을 업로드하기

이번 장에서는 스마트 폰에 있는 동영상을 서버의 DB에 저장하는 방법을 알아본다. 서버에 동영상을 전송하기위해서는 안드로이드 쪽에서 전송하기위한 코드와 PHP 쪽에서 전송 받아 처리하기 위한 코드가 완성되어야 한다. 먼저, 동영상을 저장할 DB를 만든 다음, 동영상을 업로드하고 DB에 삽입하기 위한 PHP 코드를 작성한다. 이어서, 서버에 동영상을 업로드하기 위한 안드로이드 프로젝트를 작성하여 동영상을 서버에 전송해본다.

15.1 DB 만들기(MySQL 버전)

MySQL을 이용해 DB와 테이블을 만들기 위해 〈그림 1〉과 같이 "http:// localhost/ myadmin/"에서 사용자명과 암호를 입력하여 DB에 접속한다(13장에서 moviedb를 만들었다면, 15.2 절부터 실행하면 된다).

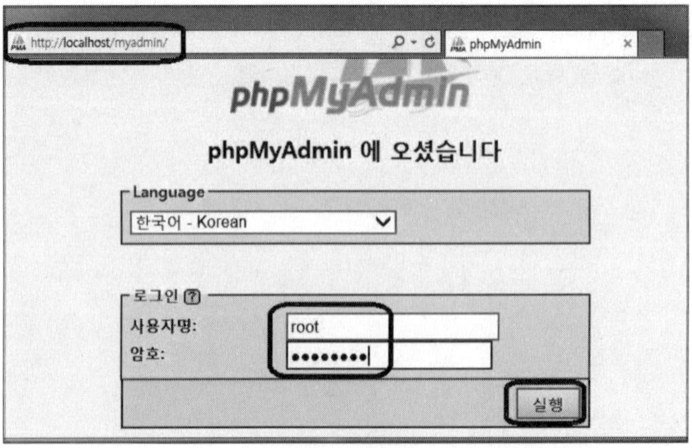

〈그림 1〉

〈그림 2〉와 같이 "moviedb"라고 입력하고 "만들기" 버튼을 클릭한다.

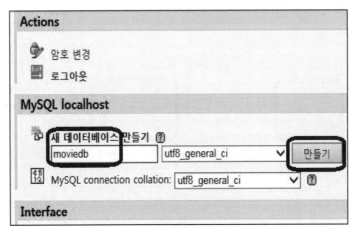

〈그림 2〉

〈그림 3〉과 같이 "movietbl"이라고 입력한 다음, "Number of fields"에 "2"라고 입력한다. 이어서, "실행" 버튼을 클릭한다.

〈그림 3〉

〈그림 4〉와 같이 "id, VARCHAR, 10"와 "movie, VARCHAR, 20"이라고 입력한 다음, 화면 가장 아래쪽의 "저장" 버튼을 클릭한다.

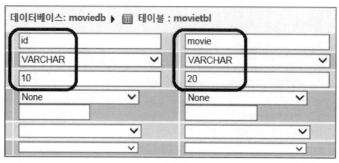

〈그림 4〉

〈그림 5〉와 같이 "삽입" 버튼을 클릭한다.

〈그림 5〉

〈그림 6〉과 같이 "A"와 "a.mp4"라고 입력하고 "실행" 버튼을 클릭한다.

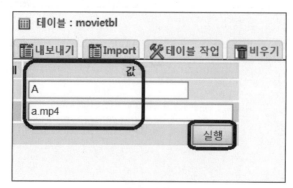

〈그림 6〉

〈그림 7〉과 같이 "삽입" 버튼을 클릭한다.

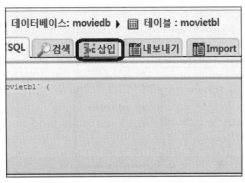

〈그림 7〉

〈그림 8〉과 같이 "B"와 "b.mp4"라고 입력하고 "실행" 버튼을 클릭한다.

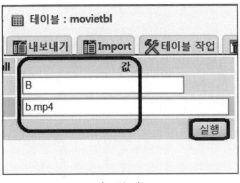

〈그림 8〉

〈그림 9〉와 같이 "보기" 버튼을 클릭한다.

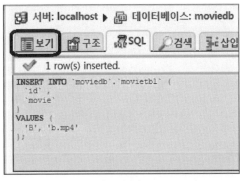

〈그림 9〉

지금까지 데이터베이스에 작성된 내용은 〈그림 10〉과 같다.

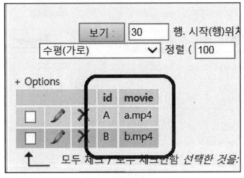
〈그림 10〉

이상으로 DB와 테이블 만들기의 실습을 마친다.

15.2 동영상 저장을 위한 PHP 코드 작성하기

〈그림 11〉과 같이 코드를 작성한다.

```
DbMovSend - 메모장
파일(F) 편집(E) 서식(O) 보기(V) 도움말(H)
<?php
$loc = "phonefile/";
$loc = $loc.basename( $_FILES['phone']['name']);
if(move_uploaded_file($_FILES['phone']['tmp_name'], $loc))
{
    echo "success";
}
else
{
    echo "fail";
}
$imgName = basename( $_FILES['phone']['name']);
$con=mysql_connect("localhost", "root", "apmsetup");
mysql_select_db("moviedb", $con);
$id = "C";
$sql = "insert into movietbl(id, movie)
        values('$id', '$imgName')";

mysql_query($sql, $con);
mysql_close();
?>
```

〈그림 11〉

작성된 코드는 다음과 같다.

```php
<?php
$loc = "phonefile/";
$loc = $loc.basename( $_FILES['phone']['name']);
if(move_uploaded_file($_FILES['phone']['tmp_name'], $loc))
{
    echo "success";
}
else
{
```

```
    echo "fail";
}
$imgName = basename( $_FILES['phone']['name']);
$con=mysql_connect("localhost", "root", "apmsetup");
mysql_select_db("moviedb", $con);
$id = "C";
$sql = "insert into movietbl(id, movie)
        values('$id', '$imgName')";

mysql_query($sql, $con);
mysql_close();
?>
```

〈그림 12〉와 같이 "C:\APM_Setup\htdocs" 폴더 아래에 "DbMovSend.php"라고 저장한다.

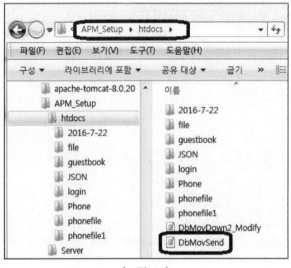

〈그림 12〉

이상으로 PHP 코드의 작성을 마친다.

15.3 서버 DB에 동영상을 업로드하기

〈그림 13〉과 같이 "C:\APM_Setup\htdocs" 아래에 phonefile 이라는 폴더를 만든다.

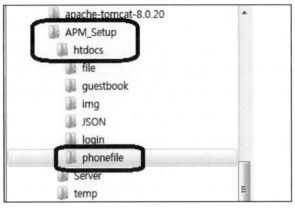

〈그림 13〉

안드로이드 스튜디오를 실행시킨다. 〈그림 14〉와 같이 "DbMovUpload"라고 입력한 다음, "Next" 버튼 클릭한다.

〈그림 14〉

〈그림 15〉와 같이 "API 15: Android 4.0.3(IcecreamSandwich)"를 선택한 다음, "Next" 버튼을 2번 연속 클릭한다. 이어서, "Finish" 버튼을 클릭한다.

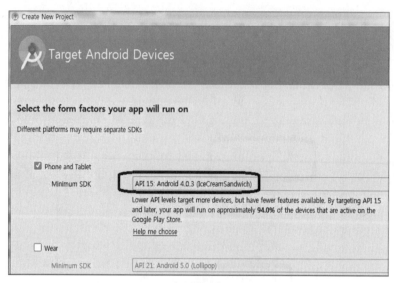

〈그림 15〉

〈그림 16〉과 같이 "activity_main.xml" 파일에 있는 "TextView"를 클릭한 다음, "Delete" 키를 눌러 삭제한다.

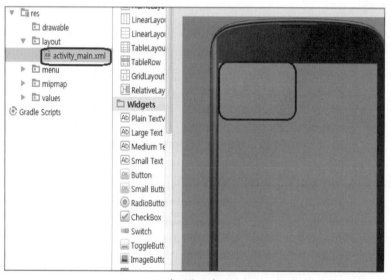

〈그림 16〉

〈그림 17〉과 같이 "Button"을 작성한다.

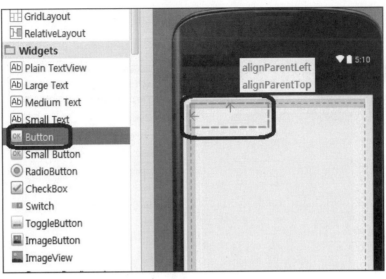

〈그림 17〉

방금 작성된 "Button"을 더블 클릭한 다음, 〈그림 18〉과 같이 "text:" 위치에 "movie upload"라고 입력한다. 이어서, "textSize"는 "30dp"로 입력한다.

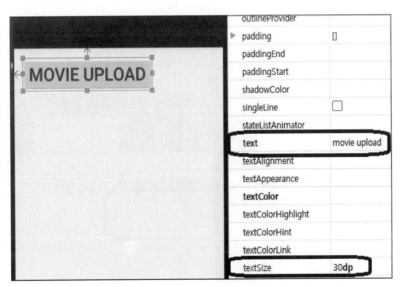

〈그림 18〉

〈그림 19〉와 같이 "onClick" 속성을 클릭한 다음, 오른쪽에 "onClick"이라고 입력한다.

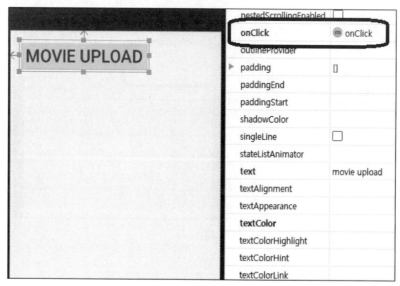

〈그림 19〉

〈그림 20〉과 같이 "Plain Text"를 하나 작성한다.

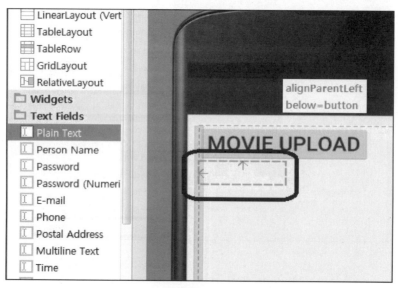

〈그림 20〉

〈그림 21〉과 같이 "textSize"에 "20dp", "width"에 "350dp"라고 입력한다.

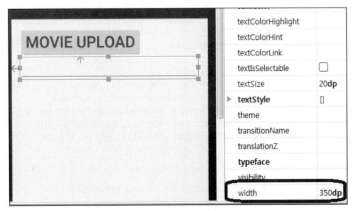

〈그림 21〉

〈그림 22〉와 같이 "MainActivity"를 더블 클릭 한 다음, 코드를 입력한다.

```java
public class MainActivity extends AppCompatActivity{
    String dir1 = Environment.getExternalStorageDirectory().getPath();
    final String dir2 = dir1 + "/DCIM/Camera/";
    final String fname = "a.mp4";
    String url1 = "http://xxx.xxx.xxx.xxx/DbMovSend.php"; //자신의 IP
    EditText et;
    atask at;
    URL url;
    @Override
    protected void onCreate(Bundle savedInstanceState) {
        super.onCreate(savedInstanceState);
        setContentView(R.layout.activity_main);
        et = (EditText)findViewById(R.id.editText);
    }
    public void onClick(View v){
        at = new atask();
        at.execute(dir2 + fname);
    }
    private class atask extends AsyncTask<String, String, String> {
    @Override
     protected String doInBackground(String... URI) {
        String imgPath = URI[0];
        DataOutputStream os = null;
        String border = "#";
        String two = "--";
        String nl = "\n";
        byte[] buf = null;
        int bufSz = 1024 * 1024, ret=0;
        File imgFile = new File(imgPath);
        if (imgFile.isFile()) {
```

```
        if (imgFile.isFile()) {
            try{
                FileInputStream fis = new FileInputStream(imgFile);
                url = new URL(url1);
                HttpURLConnection conn =
                  (HttpURLConnection) url.openConnection();
                conn.setDoOutput(true);
                conn.setRequestProperty("Content-Type",
                  "multipart/form-data;boundary=" + border);
                os = new DataOutputStream(conn.getOutputStream());
                os.writeBytes(two + border + nl);
                os.writeBytes("Content-Disposition: form-data; " +
                  "name=\"phone\";filename=\"" + imgPath + "\"" + nl);
                os.writeBytes(nl);
                do {
                    if (buf == null) buf = new byte[bufSz];
                    ret = fis.read(buf, 0, bufSz);
                    os.write(buf, 0, bufSz);
                } while (ret > 0);
                os.writeBytes(nl + two + border + two + nl);
                conn.getResponseCode();
                fis.close();
                os.close();
            } catch (Exception ex) { ex.printStackTrace(); }
        }
        return "=> Movie DbUploading OK";
    }
    protected void onPostExecute(String str){ et.setText(str); }
    }
}
```

〈그림 22〉

코드 〈String url1 = "http://xxx.xxx.xxx.xxx/DbMovSend.php";〉에서 xxx부분은 자
신의 IP주소를 직접 입력한다. 입력된 코드는 다음과 같다.

```
public class MainActivity extends AppCompatActivity{

    String dir1 = Environment.getExternalStorageDirectory().getPath();
    final String dir2 = dir1 + "/DCIM/Camera/";
    final String fname = "a.mp4";
    String url1 = "http://xxx.xxx.xxx.xxx/DbMovSend.php"; //자신의 IP
    EditText et;
    atask at;
    URL url;
    @Override
```

```
protected void onCreate(Bundle savedInstanceState) {
    super.onCreate(savedInstanceState);
    setContentView(R.layout.activity_main);
    et = (EditText)findViewById(R.id.editText);
}

public void onClick(View v){
    at = new atask();
    at.execute(dir2 + fname);
}

private class atask extends AsyncTask<String, String, String> {
@Override

 protected String doInBackground(String... URI) {
    String imgPath = URI[0];
    DataOutputStream os = null;
    String border = "#";
    String two = "--";
    String nl = "\n";
    byte[] buf = null;
    int bufSz = 1024 * 1024, ret=0;
    File imgFile = new File(imgPath);
    if (imgFile.isFile()) {
        try{
            FileInputStream fis = new FileInputStream(imgFile);
            url = new URL(url1);
            HttpURLConnection conn =
              (HttpURLConnection) url.openConnection();
            conn.setDoOutput(true);
            conn.setRequestProperty("Content-Type",
              "multipart/form-data;boundary=" + border);
            os = new DataOutputStream(conn.getOutputStream());
            os.writeBytes(two + border + nl);
            os.writeBytes("Content-Disposition: form-data; " +
                "name=\"phone\";filename=\"" + imgPath + "\"" + nl);
            os.writeBytes(nl);
            do {
```

```
                    if (buf == null) buf = new byte[bufSz];
                    ret = fis.read(buf, 0, bufSz);
                    os.write(buf, 0, bufSz);
                } while (ret > 0);
                os.writeBytes(nl + two + border + two + nl);
                conn.getResponseCode();
                fis.close();
                os.close();
            } catch (Exception ex) { ex.printStackTrace(); }
        }
        return "=> Movie DbUploading OK";
     }


    protected void onPostExecute(String str){ et.setText(str); }
    }


}
```

〈그림 23〉과 같이 "AndroidManifest.xml" 파일을 열어 코드를 추가한다.

```
<uses-permission android:name=
    "android.permission.INTERNET"/>
<uses-permission android:name=
    "android.permission.ACCESS_NETWORK_STATE"/>
<uses-permission android:name=
    "android.permission.WRITE_EXTERNAL_STORAGE"/>


<application
    android:allowBackup="true"
```

〈그림 23〉

입력된 코드는 다음과 같다.

```
<uses-permission android:name=
    "android.permission.INTERNET"/>
<uses-permission android:name=
```

```
        "android.permission.ACCESS_NETWORK_STATE"/>
<uses-permission android:name=
        "android.permission.WRITE_EXTERNAL_STORAGE"/>
```

〈그림 24〉와 같이 두 번째 "build.gradle"를 더블 클릭 한 다음, 이전의 내용은 주석처리
하고 수정된 내용으로 입력한다.

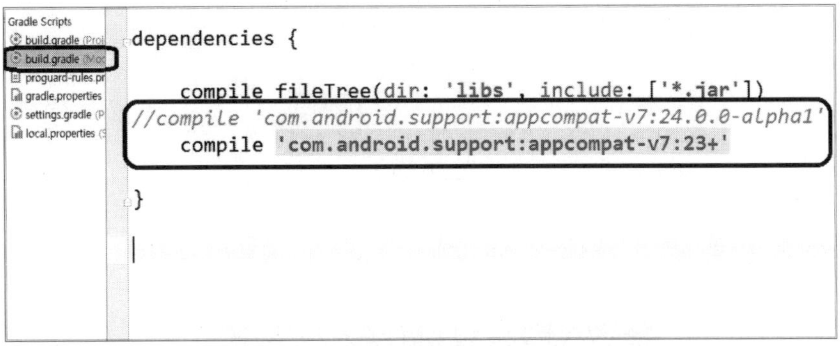

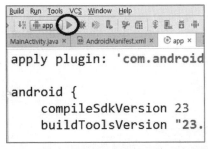

〈그림 24〉

입력된 코드는 다음과 같다.

```
//compile 'com.android.support:appcompat-v7:24.0.0-alpha1' //주석처리
compile 'com.android.support:appcompat-v7:23+' //새로 추가
```

〈그림 25〉와 같이 실행 아이콘을 클릭하여 실행한다.

〈그림 25〉

〈그림 26〉과 같이 "실행하고자 하는 스마트 폰(자신의 스마트 폰)"을 선택하고 "OK" 버튼
을 클릭한다.

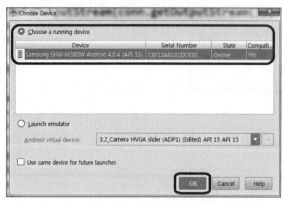

〈그림 26〉

실행 결과는 〈그림 27〉과 같으며, "MOVIE UPLOAD" 버튼을 클릭한다.

〈그림 27〉

실행 결과는 〈그림 28〉과 같다.

〈그림 28〉

해당 동영상 파일이 서버에 전송된 결과는 〈그림 29〉와 같다.

〈그림 29〉

또한, 〈그림 30〉과 같이 해당 동영상 파일이 DB에 저장되었음을 알 수 있다.

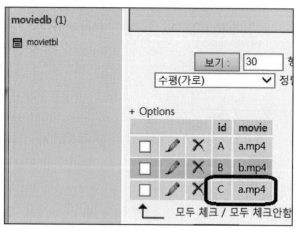

〈그림 30〉

이상으로 15장의 실습을 마친다.

CHAPTER 16

카메라로 동영상을
촬영하고 저장하기

ANDROID

16.1 카메라로 동영상을 촬영하고 저장하기

카메라로 동영상을 촬영하고 저장하기

이번 장에서는 카메라를 이용하여 동영상을 촬영하여 저장한 다음, 촬영된 동영상을 화면에 출력하는 방법을 알아본다. 카메라를 이용하여 동영상을 촬영하는 방법은 크게 두 가지가 있다. 카메라의 프리뷰 기능 등 카메라에 관한 설정을 구체적으로 직접 변경하여 사용하는 방법과 스마트 폰에서 제공되는 기본 카메라 응용을 호출하여 사용하는 방법이 있다. 이 장에서는 기본으로 제공되는 카메라 응용을 사용하는 방법으로 실습하기로 한다.

16.1 카메라로 동영상을 촬영하고 저장하기

안드로이드 스튜디오를 실행시킨다. 〈그림 1〉과 같이 "TakeMovie"라고 입력한 다음, "Next" 버튼을 3번 연속 클릭한다. 이어서, "Finish" 버튼을 클릭한다.

〈그림 1〉

〈그림 2〉와 같이 "activity_main.xml" 파일에 있는 "TextView"를 클릭한 다음, "Delete" 키를 눌러 삭제한다.

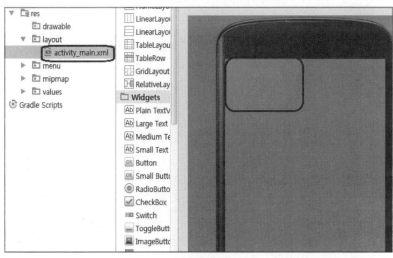

〈그림 2〉

〈그림 3〉과 같이 "videoView"를 좌측 상단 쪽에 작성한다.

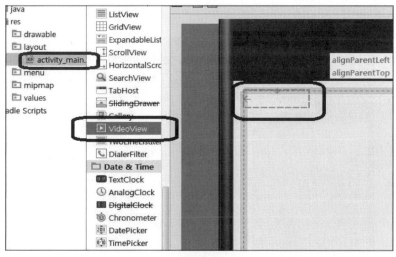

〈그림 3〉

〈그림 4〉와 같이 "minHeight"와 "minWidth"의 값을 각각 "300dp", "350dp"로 입력한다.

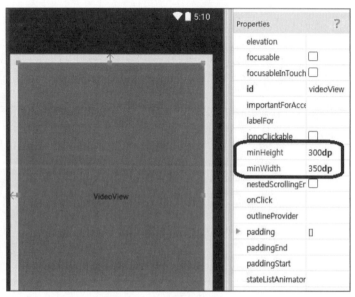

〈그림 4〉

〈그림 5〉와 같이 "layout : margin"의 "top" 속성을 클릭한 다음, "50dp"로 입력한다. 결과는 그림과 같이 videoView 가 약간 아래쪽으로 이동될 것이다.

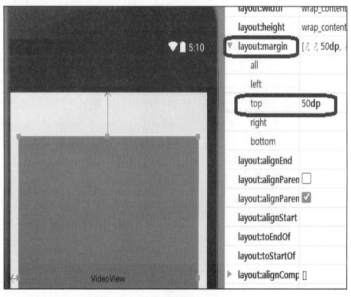

〈그림 5〉

<그림 6>과 같이 "Button"을 작성한다.

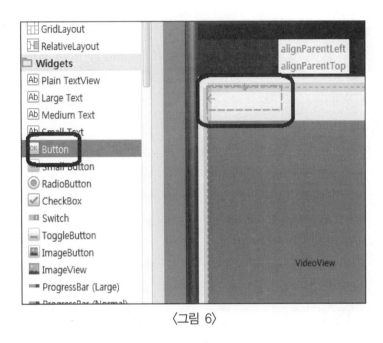

<그림 6>

<그림 7>과 같이 작성된 "Button"을 더블 클릭한 다음, "take movie"라고 입력한다.

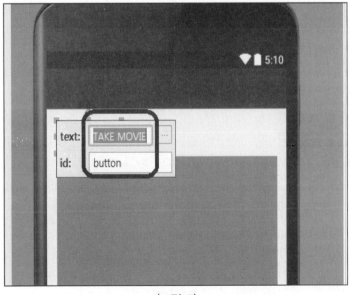

<그림 7>

〈그림 8〉과 같이 "onClick" 속성을 클릭한 다음, 오른쪽에 "onClick"이라고 입력한다.

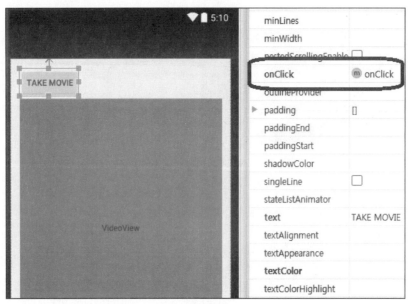

〈그림 8〉

〈그림 9〉와 같이 "MainActivity"를 더블 클릭 한 다음, 코드를 입력한다.

```java
import ...

public class MainActivity extends AppCompatActivity {
    private static final int mov = 0;
    Button btn;
    VideoView v1;
    MediaController mc;
    File file;
    Uri uri1;
    @Override
    protected void onCreate(Bundle savedInstanceState) {
        super.onCreate(savedInstanceState);
        setContentView(R.layout.activity_main);
        btn = (Button)findViewById(R.id.button);
        v1 = (VideoView)this.findViewById(R.id.videoView);
        mc = new MediaController(this);
        v1.setMediaController(mc);
        file = new File("/sdcard/a.mp4");
        uri1 = Uri.fromFile(file);
    }
```

```
    public void onClick(View v) {
     if (v.getId() == R.id.button) {
        Intent i = new Intent(MediaStore.ACTION_VIDEO_CAPTURE);
        i.putExtra(android.provider.MediaStore.EXTRA_OUTPUT, uri1);
        startActivityForResult(i, mov);
     }
    }
    @Override
    public void onActivityResult(int request_code,
                                 int    result_code, Intent data)
    {
     if(request_code == mov && result_code == RESULT_OK) {
        v1.setVideoPath(uri1.toString());
        v1.requestFocus();
        v1.start();
     }
    }
 }
```

〈그림 9〉

입력된 코드는 다음과 같다.

```
public class MainActivity extends AppCompatActivity {

    private static final int mov = 0;
    Button btn;
    VideoView v1;
    MediaController mc;
    File file;
    Uri uri1;

    @Override
    protected void onCreate(Bundle savedInstanceState) {
        super.onCreate(savedInstanceState);
        setContentView(R.layout.activity_main);
        btn = (Button)findViewById(R.id.button);
        v1 = (VideoView)this.findViewById(R.id.videoView);
        mc = new MediaController(this);
        v1.setMediaController(mc);
```

```
        file = new File("/sdcard/a.mp4");
        uri1 = Uri.fromFile(file);
    }

    public void onClick(View v) {
        if (v.getId() == R.id.button) {
            Intent i = new Intent(MediaStore.ACTION_VIDEO_CAPTURE);
            i.putExtra(android.provider.MediaStore.EXTRA_OUTPUT, uri1);
            startActivityForResult(i, mov);
        }
    }

    @Override
    public void onActivityResult(int request_code, int result_code,
                            Intent data)
    {
        if(request_code == mov && result_code == RESULT_OK) {
            v1.setVideoPath(uri1.toString());
            v1.requestFocus();
            v1.start();
        }
    }
}
```

〈그림 10〉과 같이 "AndroidManifest.xml" 파일을 열어 코드를 추가한다.

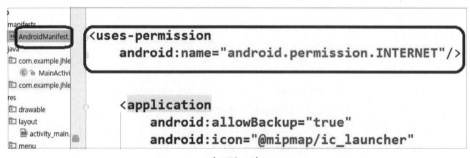

〈그림 10〉

입력된 코드는 다음과 같다.

```
<uses-permission android:name="android.permission.INTERNET"/>
```

〈그림 11〉과 같이 두 번째 "build.gradle"를 더블 클릭한 다음 수정된 내용으로 입력한다.

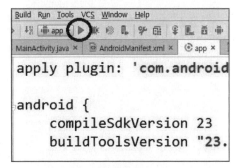

〈그림 11〉

입력된 코드는 다음과 같다.

```
//compile 'com.android.support:appcompat-v7:24.0.0-alpha1' //주석처리
compile 'com.android.support:appcompat-v7:23+' //새로 추가
```

〈그림 12〉와 같이 실행 아이콘을 클릭하여 실행한다.

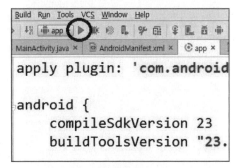

〈그림 12〉

〈그림 13〉과 같이 "실행하고자 하는 스마트 폰(자신의 스마트 폰)"을 선택하고 "OK" 버튼을 클릭한다.

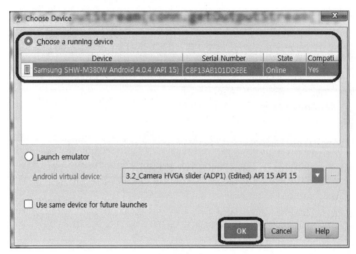

〈그림 13〉

〈그림 14〉와 같이 "TAKEMOVIE" 라는 버튼을 클릭한다.

〈그림 14〉

〈그림 15〉와 같이 "녹화하기" 버튼을 클릭하여 동영상 촬영을 시작한다.

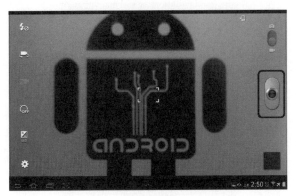

〈그림 15〉

〈그림 16〉과 같이 "녹화정지" 버튼을 클릭하여 동영상 촬영을 정지시킨다(이 그림은 Tablet에 해당하는 그림이고, Phone의 경우는 녹화정지 버튼이 사각형 의 새로운 버튼 형태로 나타난다).

〈그림 16〉

〈그림 17〉과 같이 "저장" 버튼을 클릭하여 촬영한 동영상을 저장시킨다.

〈그림 17〉

〈그림 18〉과 같이 촬영된 동영상이 출력된다.

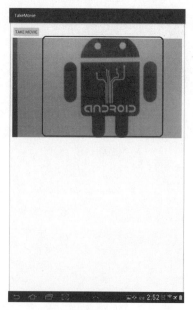

〈그림 18〉

재생중인 동영상을 제어하려면, 동영상 화면을 클릭한다. 〈그림 19〉와 같이 "제어 바 (Control Bar)"가 나타나면, 원하는 제어를 할 수 있다.

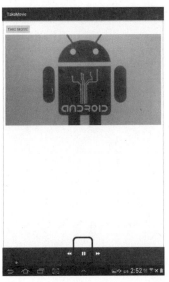

〈그림 19〉

〈그림 20〉은 촬영된 동영상 파일이 저장된 것을 나타낸다.

〈그림 20〉

이상으로 16장의 실습을 마친다.

CHAPTER 17

서버에 카메라
촬영 동영상을 업로드하기

ANDROID

서버에 카메라 촬영 동영상을 업로드하기

ANDROID

이번 장에서는 카메라로 촬영한 동영상을 서버에 전송하는 방법을 알아본다. 먼저, 동영상을 업로드하기 위한 PHP 코드를 작성해본다. 이어서, 서버에 카메라 동영상을 업로드하기 위한 안드로이드 프로젝트를 작성하여 동영상을 서버에 전송해본다.

17.1 동영상 업로드를 위한 PHP 코드 작성하기

〈그림 1〉과 같이 메모장에 코드를 작성한다.

```
MovSend - 메모장
파일(F)  편집(E)  서식(O)  보기(V)  도움말(H)
<?php

    $loc = "phonefile/";
    $loc = $loc.basename( $_FILES['phone']['name']);
    if(move_uploaded_file
        ($_FILES['phone']['tmp_name'], $loc))
    {
        echo "success";
    }
    else
    {
        echo "fail";
    }
?>
```

〈그림 1〉

작성된 코드는 다음과 같다.

```php
<?php

    $loc = "phonefile/";
    $loc = $loc.basename( $_FILES['phone']['name']);
    if(move_uploaded_file
        ($_FILES['phone']['tmp_name'], $loc))
    {
        echo "success";
    }
    else
    {
        echo "fail";
    }

?>
```

〈그림 2〉와 같이 "C:\APM_Setup\htdocs" 폴더 아래에 "MovSend.php"라고 저장한다.

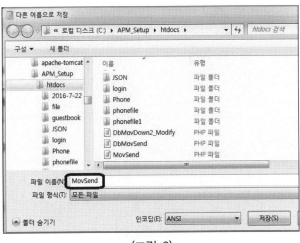

〈그림 2〉

이상으로 PHP 코드의 작성을 마친다.

17.2 서버에 카메라 촬영 동영상을 업로드하기

〈그림 3〉과 같이 "C:\APM_Setup\htdocs" 아래에 phonefile 이라는 폴더를 만든다.

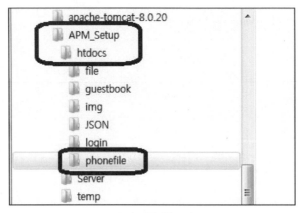

〈그림 3〉

안드로이드 스튜디오를 실행시킨다. 〈그림 4〉와 같이 "MovUpload2라고 입력한 다음, "Next" 버튼을 3번 연속 클릭한다. 이어서, "Finish" 버튼을 클릭한다.

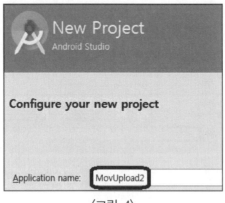

〈그림 4〉

〈그림 5〉와 같이 "activity_main.xml" 파일에 있는 "TextView"를 클릭한 다음, "Delete" 키를 눌러 삭제한다.

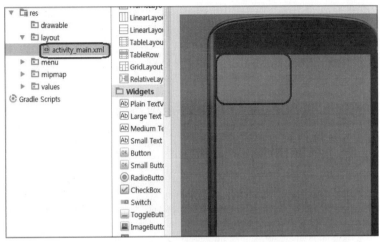

〈그림 5〉

〈그림 6〉과 같이 "videoView"를 좌측 상단 쪽에 작성한다.

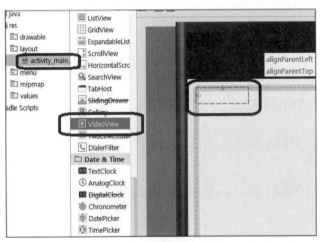

〈그림 6〉

〈그림 7〉과 같이 "minHeight"와 "minWidth"의 값을 각각 "300dp", "350dp"로 입력한다.

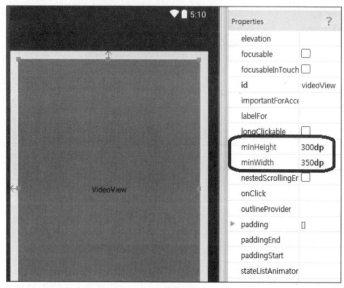

〈그림 7〉

〈그림 8〉과 같이 "layout : margin"의 "top" 속성을 클릭한 다음, "50dp"로 입력한다. 결과는 그림과 같이 videoView 가 약간 아래쪽으로 이동될 것이다.

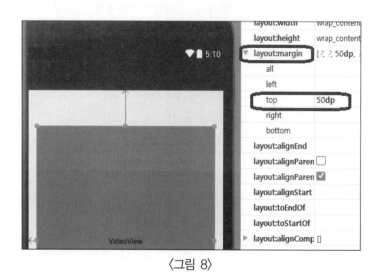

〈그림 8〉

〈그림 9〉와 같이 "Button"을 작성한다.

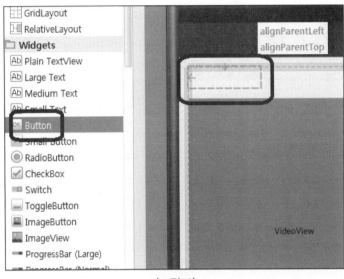

〈그림 9〉

〈그림 10〉과 같이 작성된 "Button"을 더블 클릭한 다음, "take movie"라고 입력한다.

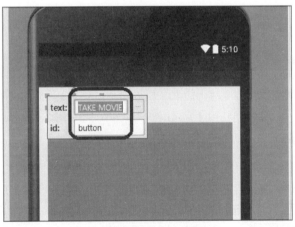

〈그림 10〉

〈그림 11〉과 같이 "onClick" 속성을 클릭한 다음, 오른쪽에 "onClick"이라고 입력한다.

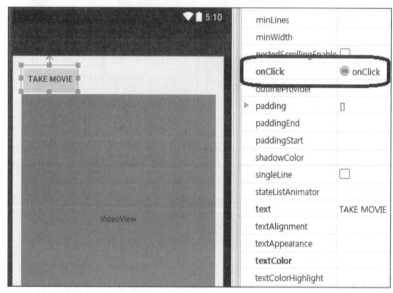

〈그림 11〉

〈그림 12〉와 같이 "Button"을 작성한다.

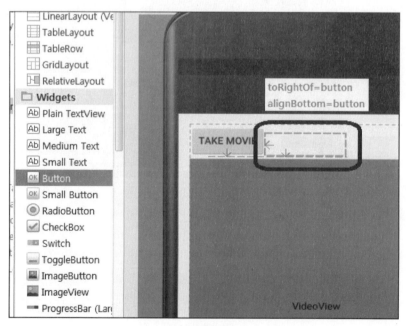

〈그림 12〉

〈그림 13〉과 같이 작성된 "Button"을 더블 클릭한 다음, "movie upload"라고 입력한다.

〈그림 13〉

〈그림 14〉와 같이 "onClick" 속성을 클릭한 다음, 오른쪽에 "onClick"이라고 입력한다.

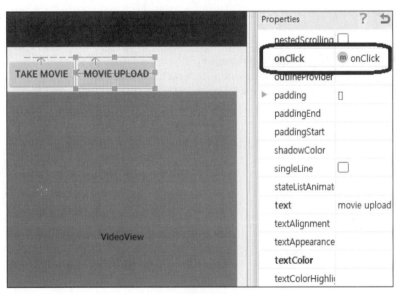

〈그림 14〉

〈그림 15〉와 같이 "MainActivity"를 더블 클릭 한 다음, 코드를 입력한다.

```java
public class MainActivity extends AppCompatActivity {
    private static final int mov = 0;
    Button btn;
    VideoView v1;
    MediaController mc;
    File file;
    Uri uri1;
    String dir1 = Environment.getExternalStorageDirectory().getPath();
    final String fname = "a.mp4";
    String url1 = "http://xxx.xxx.xxx.xxx/MovSend.php"; //자신의 IP
    atask at;
    URL url;
    @Override
    protected void onCreate(Bundle savedInstanceState) {
        super.onCreate(savedInstanceState);
        setContentView(R.layout.activity_main);
        btn = (Button)findViewById(R.id.button);
        v1 = (VideoView)this.findViewById(R.id.videoView);
        mc = new MediaController(this);
        v1.setMediaController(mc);
        file = new File(dir1 + "/a.mp4");
        uri1 = Uri.fromFile(file);
    }
    public void onClick(View v) {
        if (v.getId() == R.id.button) {
            Intent i = new Intent(MediaStore.ACTION_VIDEO_CAPTURE);
            i.putExtra(android.provider.MediaStore.EXTRA_OUTPUT, uri1);

            startActivityForResult(i, mov);
        }else if (v.getId() == R.id.button2) {
            at = new atask();
            at.execute(dir1 + "/" + fname);
        }
    }
    @Override
    public void onActivityResult(int request_code,
                                 int    result_code, Intent data)
    {
        if(request_code == mov && result_code == RESULT_OK) {
            v1.setVideoPath(uri1.toString());
            v1.requestFocus();
            v1.start();
        }
    }
```

```java
private class atask extends AsyncTask<String, String, String> {
    @Override
    protected String doInBackground(String... URI) {
        String imgPath = URI[0];
        DataOutputStream os = null;
        String border = "#";
        String two = "--";
        String nl = "\n";
        byte[] buf = null;
        int bufSz = 1024 * 1024, ret=0;
        File imgFile = new File(imgPath);
        if (imgFile.isFile()) {
            try{
                FileInputStream fis = new FileInputStream(imgFile);
                url = new URL(url1);
                HttpURLConnection conn =
                    (HttpURLConnection) url.openConnection();
                conn.setDoOutput(true);
                conn.setRequestProperty("Content-Type",
                    "multipart/form-data;boundary=" + border);
                os = new DataOutputStream(conn.getOutputStream());
                os.writeBytes(two + border + nl);
                os.writeBytes("Content-Disposition: form-data; " +
                    "name=\"phone\";filename=\"" + imgPath + "\"" + nl);
                os.writeBytes(nl);

                do {
                    if (buf == null) buf = new byte[bufSz];
                    ret = fis.read(buf, 0, bufSz);
                    os.write(buf, 0, bufSz); //android:largeHeap="true"
                } while (ret > 0);
                os.writeBytes(nl + two + border + two + nl);
                conn.getResponseCode();
                fis.close();
                os.close();
                conn.disconnect();
            } catch (Exception ex) { ex.printStackTrace(); }
        }
        return "=> Movie Uploading OK";
    }
    protected void onPostExecute(String str){
        Toast.makeText(getApplicationContext(),
            dir1 + "/" + fname, Toast.LENGTH_LONG).show();
    }
}
```

<그림 15>

입력된 코드는 다음과 같다.

```java
public class MainActivity extends AppCompatActivity {

    private static final int mov = 0;
    Button btn;
    VideoView v1;
    MediaController mc;
    File file;
    Uri uri1;
    String dir1 = Environment.getExternalStorageDirectory().getPath();
    final String fname = "a.mp4";
    String url1 = "http://xxx.xxx.xxx.xxx/MovSend.php"; //자신의 IP
    atask at;
    URL url;

    @Override
    protected void onCreate(Bundle savedInstanceState) {
        super.onCreate(savedInstanceState);
        setContentView(R.layout.activity_main);
        btn = (Button)findViewById(R.id.button);
        v1 = (VideoView)this.findViewById(R.id.videoView);
        mc = new MediaController(this);
        v1.setMediaController(mc);
        file = new File(dir1 + "/a.mp4");
        uri1 = Uri.fromFile(file);
    }

    public void onClick(View v) {
        if (v.getId() == R.id.button) {
          Intent i = new Intent(MediaStore.ACTION_VIDEO_CAPTURE);
          i.putExtra(android.provider.MediaStore.EXTRA_OUTPUT, uri1);
          startActivityForResult(i, mov);
        }else if (v.getId() == R.id.button2) {
          at = new atask();
          at.execute(dir1 + "/" + fname);
        }
    }
}
```

```java
@Override
public void onActivityResult(int request_code,
                        int     result_code, Intent data)
{
    if(request_code == mov && result_code == RESULT_OK) {
      v1.setVideoPath(uri1.toString());
      v1.requestFocus();
      v1.start();
    }
}

private class atask extends AsyncTask<String, String, String> {

    @Override
    protected String doInBackground(String... URI) {
        String imgPath = URI[0];
        DataOutputStream os = null;
        String border = "#";
        String two = "--";
        String nl = "\n";
        byte[] buf = null;
        int bufSz = 1024 * 1024, ret=0;
        File imgFile = new File(imgPath);
        if (imgFile.isFile()) {
            try{
                FileInputStream fis = new FileInputStream(imgFile);
                url = new URL(url1);
                HttpURLConnection conn =
                    (HttpURLConnection) url.openConnection();
                conn.setDoOutput(true);
                conn.setRequestProperty("Content-Type",
                    "multipart/form-data;boundary=" + border);
                os = new DataOutputStream(conn.getOutputStream());
                os.writeBytes(two + border + nl);
                os.writeBytes("Content-Disposition: form-data; " +
                 "name=\"phone\";filename=\"" + imgPath + "\"" + nl);
                os.writeBytes(nl);
                do {
```

```
                    if (buf == null) buf = new byte[bufSz];
                    ret = fis.read(buf, 0, bufSz);
                  os.write(buf, 0, bufSz); //android:largeHeap="true"
                } while (ret > 0);
                os.writeBytes(nl + two + border + two + nl);
                conn.getResponseCode();
                fis.close();
                os.close();
                conn.disconnect();
            } catch (Exception ex) { ex.printStackTrace(); }
        }
        return "=> Movie Uploading OK";
    }

    protected void onPostExecute(String str){
        Toast.makeText(getApplicationContext(),
                dir1 + "/" + fname, Toast.LENGTH_LONG).show();
    }
  }
}
```

〈그림 16〉과 같이 "AndroidManifest.xml" 파일을 열어 코드를 추가한다.

```
<uses-permission android:name=
    "android.permission.INTERNET"/>
<uses-permission android:name=
    "android.permission.ACCESS_NETWORK_STATE"/>
<uses-permission android:name=
    "android.permission.WRITE_EXTERNAL_STORAGE"/>

<!-- android:largeHeap="true" 메모리 부족 문제 -->
<application
    android:largeHeap="true"
```

〈그림 16〉

입력된 코드는 다음과 같다.

```
    <uses-permission android:name=
        "android.permission.INTERNET"/>

    <uses-permission android:name=
        "android.permission.ACCESS_NETWORK_STATE"/>

    <uses-permission android:name=
        "android.permission.WRITE_EXTERNAL_STORAGE"/>


    <!-- android:largeHeap="true" 메모리 부족 문제 -->
<application
        android:largeHeap="true"
```

〈그림 17〉과 같이 두 번째 "build.gradle"를 더블 클릭한 다음 수정된 내용으로 입력한다.

〈그림 17〉

입력된 코드는 다음과 같다.

```
//compile 'com.android.support:appcompat-v7:24.0.0-alpha1' //주석처리
compile 'com.android.support:appcompat-v7:23+' //새로 추가
```

〈그림 18〉과 같이 실행 아이콘을 클릭하여 실행한다.

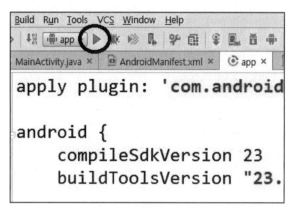

〈그림 18〉

〈그림 19〉와 같이 "실행하고자 하는 스마트 폰(자신의 스마트 폰)"을 선택하고 "OK" 버튼을 클릭한다.

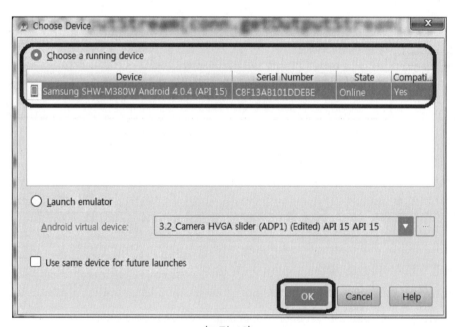

〈그림 19〉

〈그림 20〉과 같이 "TAKEMOVIE" 라는 버튼을 클릭한다.

〈그림 20〉

〈그림 21〉과 같이 "녹화하기" 버튼을 클릭하여 동영상 촬영을 시작한다.

〈그림 21〉

〈그림 22〉와 같이 "녹화정지" 버튼을 클릭하여 동영상 촬영을 정지시킨다(이 그림은 Tablet에 해당하는 그림이고, Phone의 경우는 녹화정지 버튼이 사각형 의 새로운 버튼 형태로 나타난다).

〈그림 22〉

〈그림 23〉과 같이 "저장" 버튼을 클릭하여 촬영한 동영상을 저장시킨다.

〈그림 23〉

〈그림 24〉와 같이 촬영된 동영상이 출력되면, "MOVIE UPLOAD" 버튼을 클릭한다.

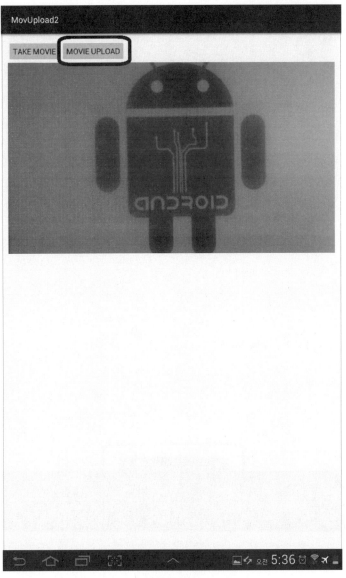

〈그림 24〉

〈그림 25〉와 같이 동영상이 있는 장치의 경로가 출력되며 업로드 되는 것을 확인할 수 있다.

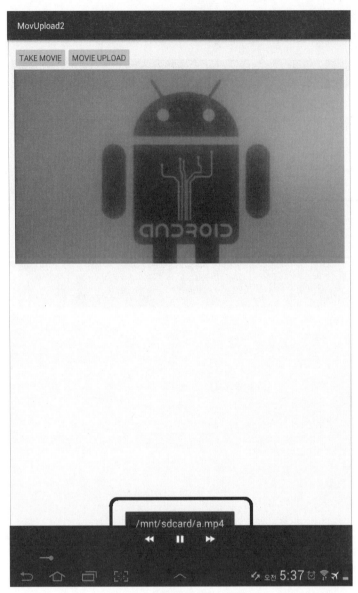

〈그림 25〉

〈그림 26〉은 촬영된 동영상 파일이 저장된 곳을 나타낸다.

〈그림 26〉

〈그림 27〉은 촬영된 동영상 파일이 업로드 된 서버의 위치를 나타낸다.

〈그림 27〉

이상으로 17장의 실습을 마친다.

CHAPTER 18

DB에 카메라
촬영 동영상을 저장하기

DB에 카메라 촬영 동영상을 저장하기

ANDROID

이번 장에서는 카메라 응용을 이용하여 촬영한 동영상을 서버의 DB에 저장하는 방법을 알아본다. 먼저, 동영상을 저장할 DB를 MySQL을 이용해 만든 다음, 동영상을 업로드하고 DB에 삽입하기 위한 PHP 코드를 작성한다. 이어서, 동영상을 업로드 하기위한 안드로이드 프로젝트를 작성하여 동영상을 서버에 전송해본다.

18.1 DB 만들기(MySQL 버전)

MySQL을 이용해 DB와 테이블을 만들기 위해 〈그림 1〉과 같이 "http:// localhost/ myadmin/"에서 사용자명과 암호를 입력하여 DB에 접속 한다(앞에서 이미 moviedb를 만들었다면, 18.2 절부터 실행하면 된다).

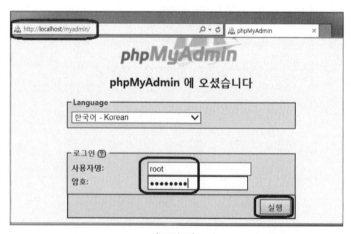

〈그림 1〉

〈그림 2〉와 같이 "moviedb"라고 입력하고 "만들기" 버튼을 클릭한다.

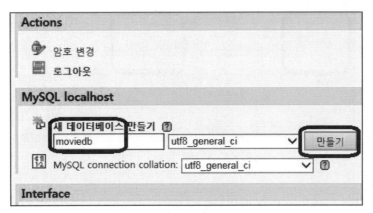

〈그림 2〉

〈그림 3〉과 같이 "movietbl"이라고 입력한 다음, "Number of fields"에 "2"라고 입력한다. 이어서, "실행" 버튼을 클릭한다.

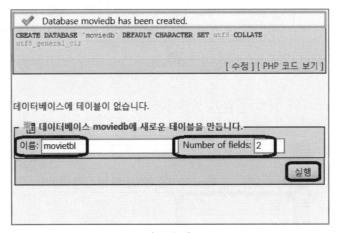

〈그림 3〉

〈그림 4〉와 같이 "id, VARCHAR, 10"와 "movie, VARCHAR, 20"이라고 입력한 다음, 화면 가장 아래쪽의 "저장" 버튼을 클릭한다.

데이터베이스: **moviedb** ▶ 📊 테이블 : **movietbl**

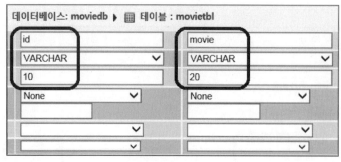

〈그림 4〉

〈그림 5〉와 같이 "삽입" 버튼을 클릭한다.

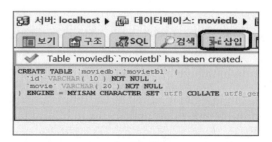

〈그림 5〉

〈그림 6〉과 같이 "A"와 "a.mp4"라고 입력하고 "실행" 버튼을 클릭한다.

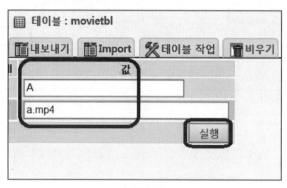

〈그림 6〉

〈그림 7〉과 같이 "삽입" 버튼을 클릭한다.

〈그림 7〉

〈그림 8〉과 같이 "B"와 "b.mp4"라고 입력하고 "실행" 버튼을 클릭한다.

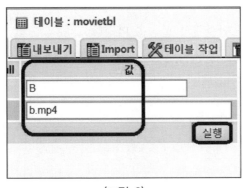

〈그림 8〉

〈그림 9〉와 같이 "보기" 버튼을 클릭한다.

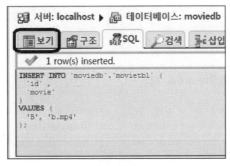

〈그림 9〉

지금까지 데이터베이스에 작성된 내용은 〈그림 10〉과 같다.

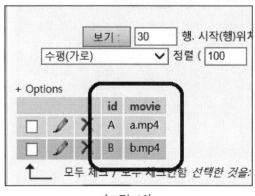

〈그림 10〉

이상으로 DB와 테이블 만들기의 실습을 마친다.

18.2 업로드와 DB 저장을 위한 PHP 코드 작성하기

〈그림 11〉과 같이 코드를 작성한다.

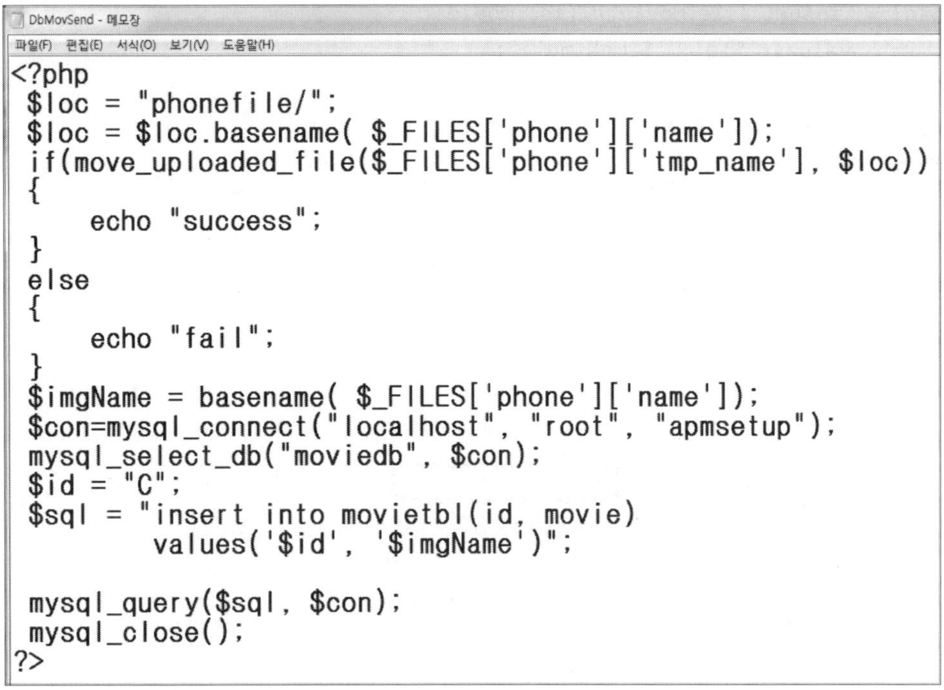

```
DbMovSend - 메모장
파일(F)  편집(E)  서식(O)  보기(V)  도움말(H)

<?php
 $loc = "phonefile/";
 $loc = $loc.basename( $_FILES['phone']['name']);
 if(move_uploaded_file($_FILES['phone']['tmp_name'], $loc))
 {
     echo "success";
 }
 else
 {
     echo "fail";
 }
 $imgName = basename( $_FILES['phone']['name']);
 $con=mysql_connect("localhost", "root", "apmsetup");
 mysql_select_db("moviedb", $con);
 $id = "C";
 $sql = "insert into movietbl(id, movie)
         values('$id', '$imgName')";

 mysql_query($sql, $con);
 mysql_close();
?>
```

〈그림 11〉

작성된 코드는 다음과 같다.

```
<?php
$loc = "phonefile/";
$loc = $loc.basename( $_FILES['phone']['name']);
if(move_uploaded_file($_FILES['phone']['tmp_name'], $loc))
{
    echo "success";
}
else
{
    echo "fail";
```

```
}
$imgName = basename( $_FILES['phone']['name']);
$con=mysql_connect("localhost", "root", "apmsetup");
mysql_select_db("moviedb", $con);
$id = "C";
$sql = "insert into movietbl(id, movie)
        values('$id', '$imgName')";

mysql_query($sql, $con);
mysql_close();
?>
```

〈그림 12〉와 같이 "C:\APM_Setup\htdocs" 폴더 아래에 "DbMovSend.php"라고 저장한다.

〈그림 12〉

이상으로 PHP 코드의 작성을 마친다.

18.3 DB에 카메라 촬영 동영상을 저장하기

〈그림 13〉과 같이 "C:\APM_Setup\htdocs" 아래에 phonefile 이라는 폴더를 만든다.

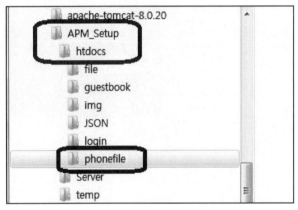

〈그림 13〉

안드로이드 스튜디오를 실행시킨다. 〈그림 14〉와 같이 "DbMovUpload2"라고 입력한 다음, "Next" 버튼을 3번 연속 클릭한다. 이어서, "Finish" 버튼을 클릭한다.

〈그림 14〉

〈그림 15〉와 같이 "activity_main.xml" 파일에 있는 "TextView"를 클릭한 다음, "Delete" 키를 눌러 삭제한다.

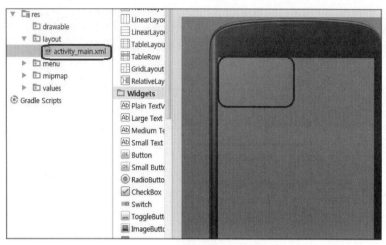

〈그림 15〉

〈그림 16〉과 같이 "videoView"를 좌측 상단 쪽에 작성한다.

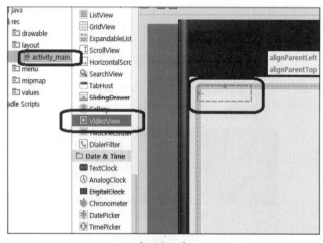

〈그림 16〉

〈그림 17〉과 같이 "minHeight"와 "minWidth"의 값을 각각 "300dp", "350dp"로 입력한다.

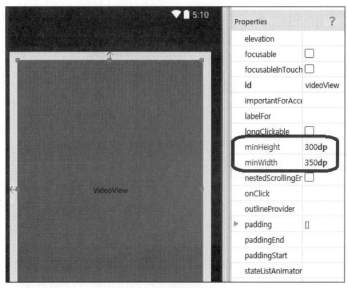

〈그림 17〉

〈그림 18〉과 같이 "layout : margin"의 "top" 속성을 클릭한 다음, "50dp"로 입력한다. 결과는 그림과 같이 videoView 가 약간 아래쪽으로 이동될 것이다.

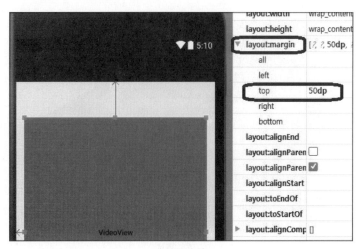

〈그림 18〉

〈그림 19〉와 같이 "Button"을 작성한다.

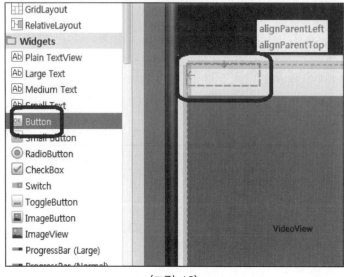

〈그림 19〉

〈그림 20〉과 같이 작성된 "Button"을 더블 클릭한 다음, "take movie"라고 입력한다.

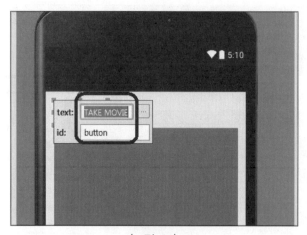

〈그림 20〉

〈그림 21〉과 같이 "onClick" 속성을 클릭한 다음, 오른쪽에 "onClick"이라고 입력한다.

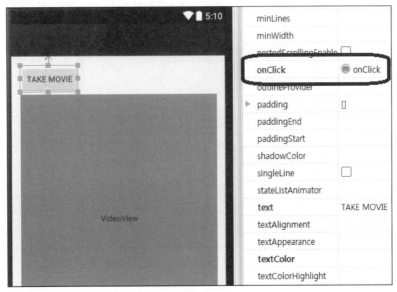

〈그림 21〉

〈그림 22〉와 같이 "Button"을 작성한다.

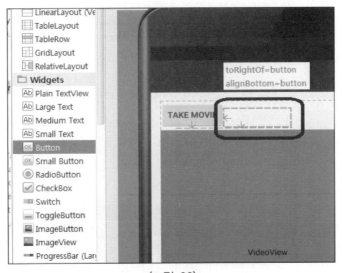

〈그림 22〉

〈그림 23〉과 같이 작성된 "Button"을 더블 클릭한 다음, "display"라고 입력한다.

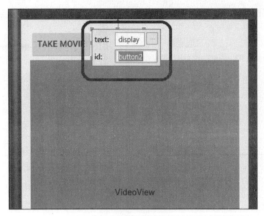

〈그림 23〉

〈그림 24〉와 같이 "onClick" 속성을 클릭한 다음, 오른쪽에 "onClick"이라고 입력한다.

〈그림 24〉

〈그림 25〉와 같이 "Button"을 작성한다.

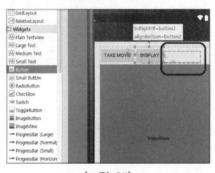

〈그림 25〉

〈그림 26〉과 같이 작성된 "Button"을 더블 클릭한 다음, "movie upload"라고 입력한다.

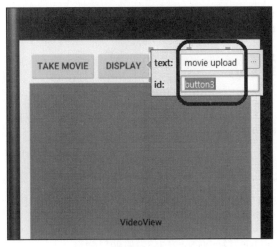

〈그림 26〉

〈그림 27〉과 같이 "onClick" 속성을 클릭한 다음, 오른쪽에 "onClick"이라고 입력한다.

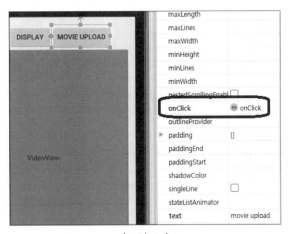

〈그림 27〉

<그림 28>과 같이 "MainActivity"를 더블 클릭 한 다음, 코드를 입력한다.

```java
public class MainActivity extends AppCompatActivity {
    private static final int mov = 0;
    Button btn;
    VideoView v1;
    MediaController mc;
    File file;
    Uri uri1;
    String dir1 = Environment.getExternalStorageDirectory().getPath();
    final String fname = "a.mp4";
    String url1 = "http://xxx.xxx.xxx.xxx/DbMovSend.php";
    atask at;
    URL url;
    @Override
    protected void onCreate(Bundle savedInstanceState) {
        super.onCreate(savedInstanceState);
        setContentView(R.layout.activity_main);
        btn = (Button)findViewById(R.id.button);
        v1 = (VideoView)this.findViewById(R.id.videoView);
        mc = new MediaController(this);
        v1.setMediaController(mc);
        file = new File(dir1 + "/a.mp4");
        uri1 = Uri.fromFile(file);
    }
    public void onClick(View v) {
        if (v.getId() == R.id.button) {
            Intent i = new Intent(MediaStore.ACTION_VIDEO_CAPTURE);
            i.putExtra(android.provider.MediaStore.EXTRA_OUTPUT, uri1);
            startActivityForResult(i, mov);
        }else if (v.getId() == R.id.button2) {
            v1.setVideoPath(uri1.toString());
            v1.requestFocus();
            v1.start();
        }else if (v.getId() == R.id.button3) {
            at = new atask();
            at.execute(dir1 + "/" + fname);
        }
    }
    @Override
    public void onActivityResult(int request_code,
                                 int    result_code, Intent data)
    {
        if(request_code == mov && result_code == RESULT_OK) {
            onClick(findViewById(R.id.button2));
        }
    }
}
```

```java
private class atask extends AsyncTask<String, String, String> {
    @Override
    protected String doInBackground(String... URI) {
        String imgPath = URI[0];
        DataOutputStream os = null;
        String border = "#";
        String two = "--";
        String nl = "\n";
        byte[] buf = null;
        int bufSz = 1024 * 1024, ret=0;
        File imgFile = new File(imgPath);
        if (imgFile.isFile()) {
            try{
                FileInputStream fis = new FileInputStream(imgFile);
                url = new URL(url1);
                HttpURLConnection conn =
                    (HttpURLConnection) url.openConnection();
                conn.setDoOutput(true);
                conn.setRequestProperty("Content-Type",
                    "multipart/form-data;boundary=" + border);
                os = new DataOutputStream(conn.getOutputStream());
                os.writeBytes(two + border + nl);
                os.writeBytes("Content-Disposition: form-data; " +
                    "name=\"phone\";filename=\"" + imgPath + "\"" + nl);
                os.writeBytes(nl);

                do {
                    if (buf == null) buf = new byte[bufSz];
                    ret = fis.read(buf, 0, bufSz);
                    os.write(buf, 0, bufSz); //android:largeHeap="true"
                } while (ret > 0);
                os.writeBytes(nl + two + border + two + nl);
                conn.getResponseCode();
                fis.close();
                os.close();
                conn.disconnect();
            } catch (Exception ex) { ex.printStackTrace(); }
        }
        return "=> Movie Uploading OK";
    }
    protected void onPostExecute(String str){
        Toast.makeText(getApplicationContext(),
            dir1 + "/" + fname, Toast.LENGTH_LONG).show();
    }
}
```

〈그림 28〉

입력된 코드는 다음과 같다.

```java
public class MainActivity extends AppCompatActivity {
    private static final int mov = 0;
    Button btn;
    VideoView v1;
    MediaController mc;
    File file;
    Uri uri1;
    String dir1 = Environment.getExternalStorageDirectory().getPath();
    final String fname = "a.mp4";
    String url1 = "http://xxx.xxx.xxx.xxx/DbMovSend.php";
    atask at;
    URL url;
    @Override

    protected void onCreate(Bundle savedInstanceState) {
        super.onCreate(savedInstanceState);
        setContentView(R.layout.activity_main);
        btn = (Button)findViewById(R.id.button);
        v1 = (VideoView)this.findViewById(R.id.videoView);
        mc = new MediaController(this);
        v1.setMediaController(mc);
        file = new File(dir1 + "/a.mp4");
        uri1 = Uri.fromFile(file);
    }

    public void onClick(View v) {
        if (v.getId() == R.id.button) {
            Intent i = new Intent(MediaStore.ACTION_VIDEO_CAPTURE);
            i.putExtra(android.provider.MediaStore.EXTRA_OUTPUT, uri1);
            startActivityForResult(i, mov);
        }else if (v.getId() == R.id.button2) {
            v1.setVideoPath(uri1.toString());
            v1.requestFocus();
            v1.start();
        }else if (v.getId() == R.id.button3) {
            at = new atask();
            at.execute(dir1 + "/" + fname);
```

```
        }
    }
    @Override

    public void onActivityResult(int request_code,
                        int     result_code, Intent data)
    {
        if(request_code == mov && result_code == RESULT_OK) {
            onClick(findViewById(R.id.button2));
        }
    }

    private class atask extends AsyncTask<String, String, String> {
        @Override

        protected String doInBackground(String... URI) {
            String imgPath = URI[0];
            DataOutputStream os = null;
            String border = "#";
            String two = "--";
            String nl = "\n";
            byte[] buf = null;
            int bufSz = 1024 * 1024, ret=0;
            File imgFile = new File(imgPath);
            if (imgFile.isFile()) {
                try{
                    FileInputStream fis = new FileInputStream(imgFile);
                    url = new URL(url1);
                    HttpURLConnection conn =
                            (HttpURLConnection) url.openConnection();
                    conn.setDoOutput(true);
                    conn.setRequestProperty("Content-Type",
                            "multipart/form-data;boundary=" + border);
                    os = new DataOutputStream(conn.getOutputStream());
                    os.writeBytes(two + border + nl);
                    os.writeBytes("Content-Disposition: form-data; " +
            "name=\"phone\";filename=\"" + imgPath + "\"" + nl);
                    os.writeBytes(nl);
```

```
                    do {
                        if (buf == null) buf = new byte[bufSz];
                        ret = fis.read(buf, 0, bufSz);
                        os.write(buf, 0, bufSz);
                    } while (ret > 0);
                    os.writeBytes(nl + two + border + two + nl);
                    conn.getResponseCode();
                    fis.close();
                    os.close();
                    conn.disconnect();
                } catch (Exception ex) { ex.printStackTrace(); }
            }
            return "=> Movie Uploading OK";
        }
        protected void onPostExecute(String str){
            Toast.makeText(getApplicationContext(),
                    dir1 + "/" + fname, Toast.LENGTH_LONG).show();
        }
    }
}
```

〈그림 29〉와 같이 "AndroidManifest.xml" 파일을 열어 코드를 추가한다.

```
<uses-permission android:name=
    "android.permission.INTERNET"/>
<uses-permission android:name=
    "android.permission.ACCESS_NETWORK_STATE"/>
<uses-permission android:name=
    "android.permission.WRITE_EXTERNAL_STORAGE"/>

<!-- android:largeHeap="true" 메모리 부족 문제 -->
<application
    android:largeHeap="true"
```

〈그림 29〉

입력된 코드는 다음과 같다.

```
    <uses-permission android:name=
        "android.permission.INTERNET"/>

    <uses-permission android:name=
        "android.permission.ACCESS_NETWORK_STATE"/>

    <uses-permission android:name=
        "android.permission.WRITE_EXTERNAL_STORAGE"/>



    <!-- android:largeHeap="true" 메모리 부족 문제 -->
<application
        android:largeHeap="true"
```

〈그림 30〉과 같이 두 번째 "build.gradle"를 더블 클릭한 다음 수정된 내용으로 입력한다.

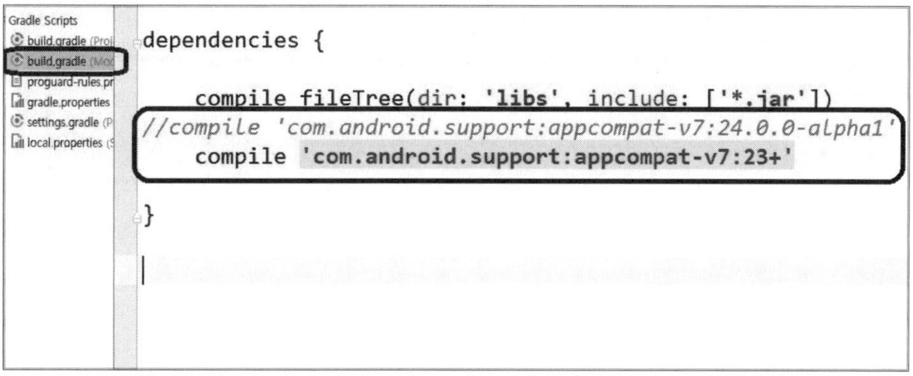

〈그림 30〉

입력된 코드는 다음과 같다.

```
//compile 'com.android.support:appcompat-v7:24.0.0-alpha1' //주석처리
compile 'com.android.support:appcompat-v7:23+' //새로 추가
```

〈그림 31〉과 같이 실행 아이콘을 클릭하여 실행한다.

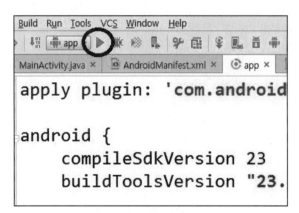

〈그림 31〉

〈그림 32〉와 같이 "실행하고자 하는 스마트 폰(자신의 스마트 폰)"을 선택하고 "OK" 버튼을 클릭한다.

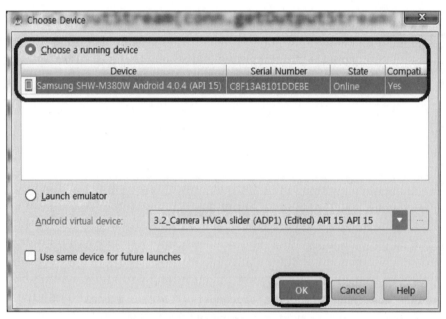

〈그림 32〉

〈그림 33〉과 같이 "TAKEMOVIE" 라는 버튼을 클릭한다.

〈그림 33〉

〈그림 34〉와 같이 "녹화하기" 버튼을 클릭하여 동영상 촬영을 시작한다.

〈그림 34〉

〈그림 35〉와 같이 "녹화정지" 버튼을 클릭하여 동영상 촬영을 정지시킨다(이 그림은 Tablet에 해당하는 그림이고, Phone의 경우는 녹화정지 버튼이 사각형 의 새로운 버튼 형태로 나타난다).

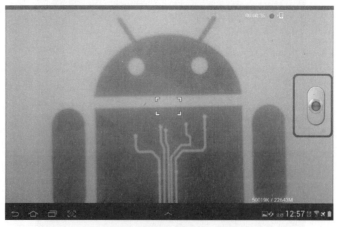

〈그림 35〉

〈그림 36〉과 같이 "저장" 버튼을 클릭하여 촬영한 동영상을 저장시킨다.

〈그림 36〉

〈그림 37〉과 같이 촬영된 동영상이 출력되면, "MOVIE UPLOAD" 버튼을 클릭한다. 장치에 따라 곧바로 동영상이 출력 안 되는 경우가 있으며, 그런 경우에는 "DISPLAY" 버튼을 클릭하면 된다.

〈그림 37〉

〈그림 38〉과 같이 동영상이 있는 장치의 경로가 출력되며 업로드 되는 것을 확인할 수 있다.

〈그림 38〉

〈그림 39〉는 "DISPLAY" 버튼을 클릭하여 촬영된 동영상 파일을 재생한 것을 나타낸다.

〈그림 39〉

〈그림 40〉은 촬영된 동영상 파일이 저장된 곳을 나타낸다.

〈그림 40〉

〈그림 41〉은 촬영된 동영상 파일이 업로드 된 서버의 위치를 나타낸다.

〈그림 41〉

〈그림 42〉는 DB에 저장된 파일을 나타낸다.

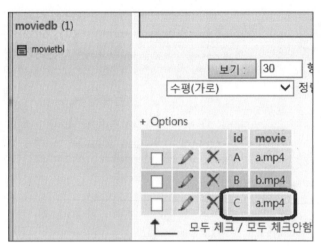

〈그림 42〉

이상으로 18장의 실습을 마친다.

CHAPTER 19

DB 동영상 출력과 수정

CHAPTER 19

DB 동영상 출력과 수정

이번 장에서는 카메라로 촬영하여 저장된 DB의 동영상을 출력하고 수정하는 방법을 알아본다. 먼저, 동영상을 저장하고 수정할 DB를 MySQL을 이용해 만든 다음, 동영상 출력과 수정을 위한 PHP 코드를 작성한다. 이어서, 동영상 출력과 새로 촬영하는 동영상으로 기존의 동영상을 수정하기 위한 안드로이드 프로젝트를 작성해본다.

19.1 DB 만들기(MySQL 버전)

MySQL을 이용해 DB와 테이블을 만들기 위해 〈그림 1〉과 같이 "http:// localhost/myadmin/"에서 사용자명과 암호를 입력하여 DB에 접속 한다(앞에서 이미 moviedb를 만들었다면, 19.2 절부터 실행하면 된다).

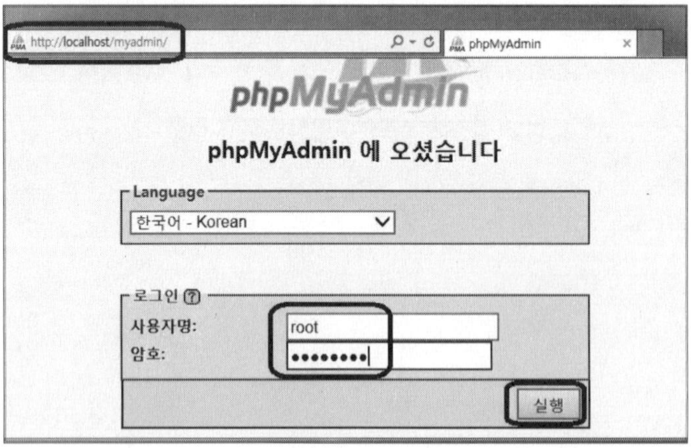

〈그림 1〉

〈그림 2〉와 같이 "moviedb"라고 입력하고 "만들기" 버튼을 클릭한다.

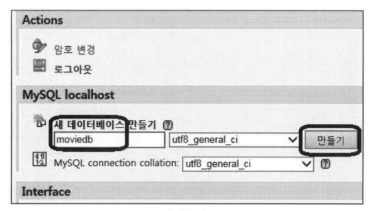

〈그림 2〉

〈그림 3〉과 같이 "movietbl"이라고 입력한 다음, "Number of fields"에 "2"라고 입력한다. 이어서, "실행" 버튼을 클릭한다.

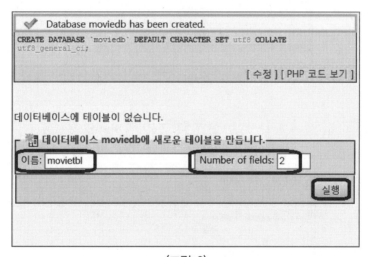

〈그림 3〉

〈그림 4〉와 같이 "id, VARCHAR, 10"와 "movie, VARCHAR, 20"이라고 입력한 다음, 화면 가장 아래쪽의 "저장" 버튼을 클릭한다.

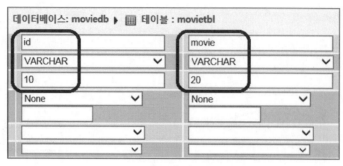

〈그림 4〉

〈그림 5〉와 같이 "삽입" 버튼을 클릭한다.

〈그림 5〉

〈그림 6〉과 같이 "A"와 "a.mp4"라고 입력하고 "실행" 버튼을 클릭한다.

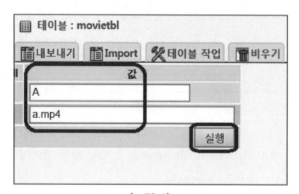

〈그림 6〉

〈그림 7〉과 같이 "삽입" 버튼을 클릭한다.

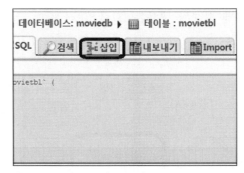

〈그림 7〉

〈그림 8〉과 같이 "B"와 "b.mp4"라고 입력하고 "실행" 버튼을 클릭한다.

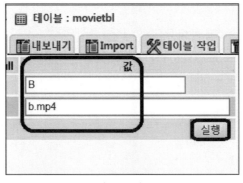

〈그림 8〉

〈그림 9〉와 같이 "보기" 버튼을 클릭한다.

〈그림 9〉

지금까지 데이터베이스에 작성된 내용은 〈그림 10〉과 같다.

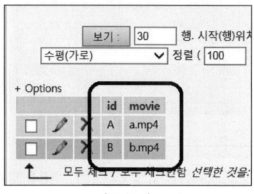

〈그림 10〉

이상으로 DB와 테이블 만들기의 실습을 마친다.

19.2 동영상 출력과 수정을 위한 PHP 코드 작성하기

이번 장에서는 두 개의 PHP 코드파일을 작성할 것이다. 먼저, 〈그림 11〉과 같이 코드를 작성한다.

```php
<?php
$loc = "phonefile/";
$loc = $loc.basename( $_FILES['phone']['name']);
if(move_uploaded_file($_FILES['phone']['tmp_name'], $loc))
{
    echo "success";
}
else
{
    echo "fail";
}
$imgName = basename( $_FILES['phone']['name']);
$con=mysql_connect("localhost", "root", "apmsetup");
mysql_select_db("moviedb", $con);
$id = "C";
$sql = "insert into movietbl(id, movie)
        values('$id', '$imgName')";

mysql_query($sql, $con);
mysql_close();
?>
```

〈그림 11〉

작성된 코드는 다음과 같다.

```php
<?php

$loc = "phonefile/";
$loc = $loc.basename( $_FILES['phone']['name']);

if(move_uploaded_file($_FILES['phone']['tmp_name'], $loc))
{
    echo "success";
}
else
```

```
{
    echo "fail";
}
$imgName = basename( $_FILES['phone']['name']);
$con=mysql_connect("localhost", "root", "apmsetup");
mysql_select_db("moviedb", $con);
$id = "C";
$sql = "insert into movietbl(id, movie)
        values('$id', '$imgName')";

mysql_query($sql, $con);
mysql_close();

?>
```

〈그림 12〉와 같이 "C:\APM_Setup\htdocs" 폴더 아래에 "DbMovSend.php"라고 저장한다.

〈그림 12〉

두 번째 PHP 코드 파일 작성을 위해 〈그림 13〉과 같이 코드를 작성한다.

```
<?php
$con=mysql_connect("localhost", "root", "apmsetup");
mysql_select_db("moviedb", $con);

$id = $_POST['id'];
$imgName = "a.mp4";

$type = $_POST['type'];

if($type == "m"){
  $qry = "update movietbl set movie = '$imgName'
          where id = '$id'";
  $res = mysql_query($qry, $con);
}

$qry = "select * from movietbl where id = '$id'";
$res = mysql_query($qry, $con);
$row = mysql_fetch_array($res);
echo $row[1];

?>
```

〈그림 13〉

작성된 코드는 다음과 같다.

```
<?php
$con=mysql_connect("localhost", "root", "apmsetup");
mysql_select_db("moviedb", $con);

$id = $_POST['id'];
$imgName = "a.mp4";

$type = $_POST['type'];

if($type == "m"){
  $qry = "update movietbl set movie = '$imgName'
          where id = '$id'";
  $res = mysql_query($qry, $con);
}

$qry = "select * from movietbl where id = '$id'";
$res = mysql_query($qry, $con);
$row = mysql_fetch_array($res);
```

```
 echo $row[1];

?>
```

〈그림 14〉와 같이 "C:\APM_Setup\htdocs" 폴더 아래에 "DbMovDown2_ Modify.php"
라고 저장한다.

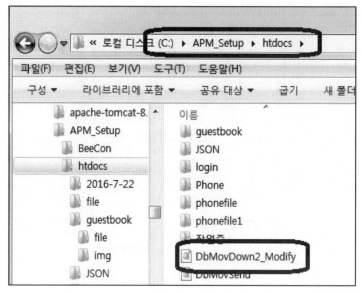

〈그림 14〉

이상으로 PHP 코드의 작성을 마친다.

19.3 동영상 출력과 촬영 동영상으로 수정하기

〈그림 15〉와 같이 "C:\APM_Setup\htdocs" 아래에 phonefile 이라는 폴더를 만든다.

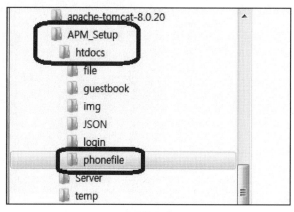

〈그림 15〉

안드로이드 스튜디오를 실행시킨다. 〈그림 16〉과 같이 "DbMovUpload2_ Modify"라고 입력한 다음, "Next" 버튼을 3번 연속 클릭한다. 이어서, "Finish" 버튼을 클릭한다.

〈그림 16〉

〈그림 17〉과 같이 "activity_main.xml" 파일에 있는 "TextView"를 클릭한 다음, "Delete" 키를 눌러 삭제한다.

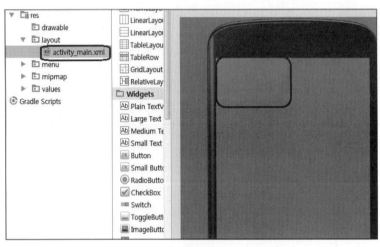

〈그림 17〉

〈그림 18〉과 같이 "videoView"를 좌측 상단 쪽에 작성한다.

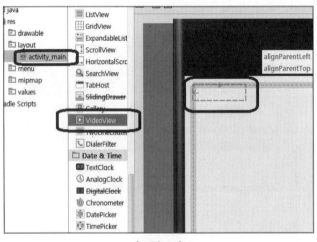

〈그림 18〉

〈그림 19〉와 같이 "minHeight"와 "minWidth"의 값을 각각 "300dp", "350dp"로 입력 한다.

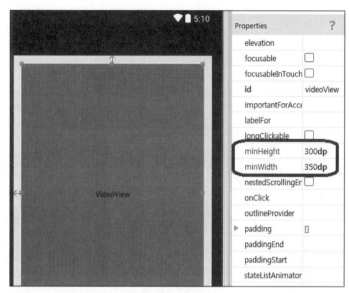

〈그림 19〉

〈그림 20〉과 같이 "layout : margin"의 "top" 속성을 클릭한 다음, "50dp"로 입력한다. 결과는 그림과 같이 videoView 가 약간 아래쪽으로 이동될 것이다.

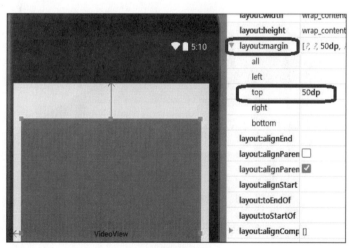

〈그림 20〉

〈그림 21〉과 같이 "Button"을 작성한다.

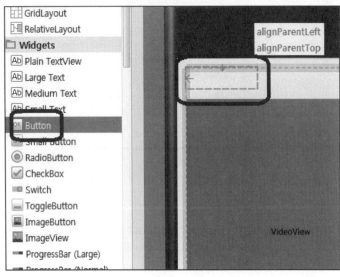

〈그림 21〉

〈그림 22〉와 같이 작성된 "Button"을 더블 클릭한 다음, "take movie"라고 입력한다.

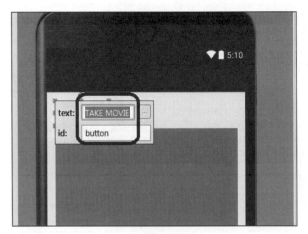

〈그림 22〉

〈그림 23〉과 같이 "onClick" 속성을 클릭한 다음, 오른쪽에 "onClick"이라고 입력한다.

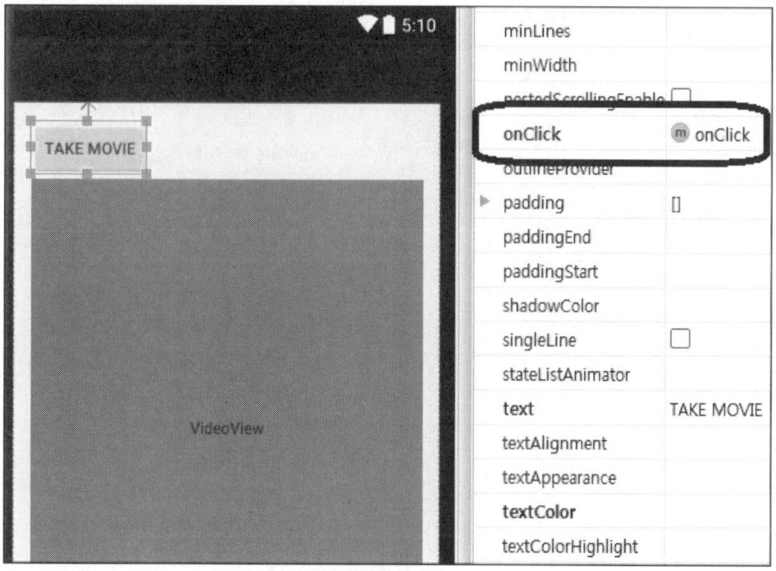

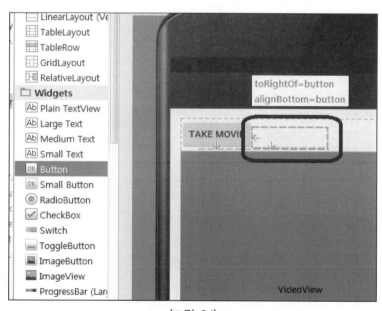

〈그림 23〉

〈그림 24〉와 같이 "Button"을 작성한다.

〈그림 24〉

〈그림 25〉와 같이 작성된 "Button"을 더블 클릭한 다음, "display"라고 입력한다.

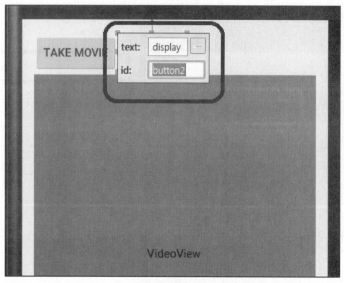

〈그림 25〉

〈그림 26〉과 같이 "onClick" 속성을 클릭한 다음, 오른쪽에 "onClick"이라고 입력한다.

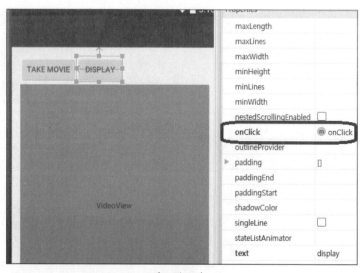

〈그림 26〉

〈그림 27〉과 같이 "Button"을 작성한다.

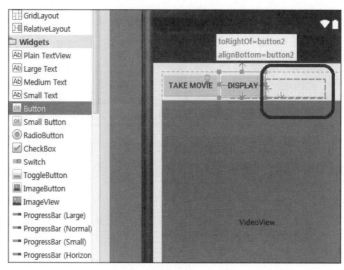

〈그림 27〉

〈그림 28〉과 같이 작성된 "Button"을 더블 클릭한 다음, "movie upload"라고 입력한다.

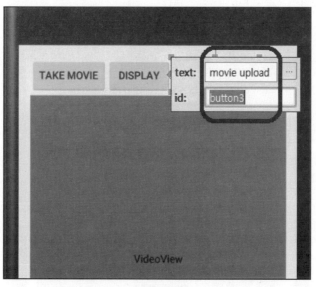

〈그림 28〉

〈그림 29〉와 같이 "onClick" 속성을 클릭한 다음, 오른쪽에 "onClick"이라고 입력한다.

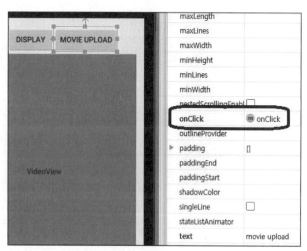

〈그림 29〉

나머지도 같은 방법으로 〈그림 30〉과 같이 "DBMOVDOWN", "MODIFY" "EditText"를 작성한다. 각각은 앞에서 작성된 것들과 같은 속성(onClick) 값을 갖는다. "MODIFY" 버튼 바로 오른쪽에 작성된 것이 EditText 이다.

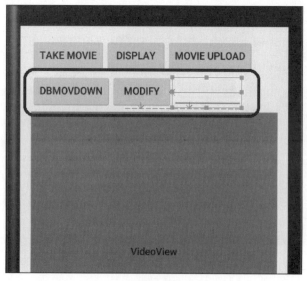

〈그림 30〉

〈그림 31〉과 같이 "MainActivity"를 더블 클릭 한 다음, 코드를 입력한다.

```java
public class MainActivity extends AppCompatActivity {
    private static final int mov = 0;
    EditText et1;
    VideoView v1;
    MediaController mc;
    File file;
    String dir1 = Environment.getExternalStorageDirectory().getPath();
    Uri uri1;
    final String fname = "a.mp4";
    String url1 = "http://xxx.xxx.xxx.xxx/DbMovSend.php"; //자신의 IP
    String url2 = "http://xxx.xxx.xxx.xxx/DbMovDown2_Modify.php";
    atask at;
    btask bt;
    utask ut;
    URL url;
    String etid, etid2, mode, sid, msg1, urls;
    OutputStreamWriter sw;
    @Override
    protected void onCreate(Bundle savedInstanceState) {
        super.onCreate(savedInstanceState);
        setContentView(R.layout.activity_main);
        et1 = (EditText)findViewById(R.id.editText);
        v1 = (VideoView)this.findViewById(R.id.videoView);
        mc = new MediaController(this);

        v1.setMediaController(mc);
        file = new File(dir1 + "/" + fname);
        uri1 = Uri.fromFile(file);
    }
    public void onClick(View v) {
        switch(v.getId()){
            case R.id.button:
                Intent i = new Intent(MediaStore.ACTION_VIDEO_CAPTURE);
                i.putExtra(android.provider.MediaStore.EXTRA_OUTPUT, uri1);
                startActivityForResult(i, mov);
                break;
            case R.id.button2:
                v1.setVideoPath(uri1.toString());
                v1.requestFocus();
                v1.start();
                break;
```

```java
                case R.id.button3:
                    ut = new utask();
                    ut.execute(file.toString());
                    break;
                case R.id.button4: //DBMOVDOWN
                    etid = et1.getText().toString();
                    mode = "d";
                    etid2 = etid;
                    urls = url2;
                    at = new atask();
                    bt = new btask();
                    at.execute(etid, mode);
                    break;
                case R.id.button5: //MODIFY
                    mode = "m";
                    urls = url2;
                    at = new atask();
                    bt = new btask();
                    at.execute(etid2, mode);
            }
        }

        @Override
        public void onActivityResult(int request_code,
                                     int    result_code, Intent data)
        {
            if(request_code == mov && result_code == RESULT_OK) {
                onClick(findViewById(R.id.button2));
            }
        }
    }
    private class atask extends AsyncTask<String, String, String> {
        @Override
        protected String doInBackground(String... params) {
            sid = (String)params[0];
            mode = (String)params[1];
            StringBuilder sb = new StringBuilder();
            try{
                msg1 = URLEncoder.encode("id", "UTF-8") + "=" +
                        URLEncoder.encode(sid, "UTF-8");
                msg1 += "&" + URLEncoder.encode("type", "UTF-8") + "=" +
                        URLEncoder.encode(mode, "UTF-8");
                url = new URL(urls);
                HttpURLConnection conn =
                        (HttpURLConnection)url.openConnection();
                conn.setDoOutput(true);
```

```
            sw = new OutputStreamWriter(conn.getOutputStream());
            sw.write(msg1);
            sw.flush();
            sw.close();
            BufferedReader br = new BufferedReader(new
                InputStreamReader(conn.getInputStream(), "UTF-8"));
            while(true){
                String ln = br.readLine();
                if(ln == null) break;
                sb.append(ln + "\n");
            }
            br.close();
            conn.disconnect();
        } catch(Exception ex){ ex.printStackTrace(); }
        return sb.toString();
    }
    protected void onPostExecute(String str) { bt.execute(str); }
}
private class btask extends AsyncTask<String, String, String> {
    @Override
    protected String doInBackground(String... URI) {
        try{
            URI[0] = "http://xxx.xxx.xxx.xxx/phonefile/"
                    + URI[0].toString();
            url = new URL(URI[0]);
            HttpURLConnection conn =
                    (HttpURLConnection) url.openConnection();
            InputStream is = conn.getInputStream();
            conn.disconnect();
        }catch(IOException e){
            e.printStackTrace();
        }
        return url.toString();
    }
    protected void onPostExecute(String str) {
        v1.setVideoPath(str);
        v1.requestFocus();
        v1.start();
    }
}
private class utask extends AsyncTask<String, String, String> {
    @Override
    protected String doInBackground(String... URI) {
```

```
        String imgPath = URI[0];
        DataOutputStream os = null;
        String border = "#";
        String two = "--";
        String nl = "\n";
        byte[] buf = null;
        int bufSz = 1024 * 1024, ret=0;
        File imgFile = new File(imgPath);
            if (imgFile.isFile()) {
            try {
                FileInputStream fis = new FileInputStream(imgFile);
                url = new URL(url1);
                HttpURLConnection conn =
                    (HttpURLConnection) url.openConnection();
                conn.setDoOutput(true);
                conn.setRequestProperty("Content-Type",
                    "multipart/form-data;boundary=" + border);
                os = new DataOutputStream(conn.getOutputStream());
                os.writeBytes(two + border + nl);
                os.writeBytes("Content-Disposition: form-data; " +
                    "name=\"phone\";filename=\"" + imgPath + "\"" + nl);
                os.writeBytes(nl);
                    do {
                    if (buf == null) buf = new byte[bufSz];
                    ret = fis.read(buf, 0, bufSz);
                    os.write(buf, 0, bufSz);
                } while (ret > 0);
                os.writeBytes(nl + two + border + two + nl);
                conn.getResponseCode();
                fis.close();
                os.close();
            } catch (Exception ex) { ex.printStackTrace(); }
        }
        return "=> Movie Uploading OK";
    }
    protected void onPostExecute(String str){
        Toast.makeText(getApplicationContext(),
                dir1 + "/" + fname, Toast.LENGTH_LONG).show();
    }
    }
}
```

〈그림 31〉

입력된 코드는 다음과 같다.

```java
public class MainActivity extends AppCompatActivity {
    private static final int mov = 0;
    EditText et1;
    VideoView v1;
    MediaController mc;
    File file;
    String dir1 = Environment.getExternalStorageDirectory().getPath();
    Uri uri1;
    final String fname = "a.mp4";
    String url1 = "http://xxx.xxx.xxx.xxx/DbMovSend.php"; //자신의 IP
    String url2 = "http://xxx.xxx.xxx.xxx/DbMovDown2_Modify.php";
    atask at;
    btask bt;
    utask ut;
    URL url;
    String etid, etid2, mode, sid, msg1, urls;
    OutputStreamWriter sw;

    @Override
    protected void onCreate(Bundle savedInstanceState) {
        super.onCreate(savedInstanceState);
        setContentView(R.layout.activity_main);
        et1 = (EditText)findViewById(R.id.editText);
        v1 = (VideoView)this.findViewById(R.id.videoView);
        mc = new MediaController(this);
        v1.setMediaController(mc);
        file = new File(dir1 + "/" + fname);
        uri1 = Uri.fromFile(file);
    }

    public void onClick(View v) {
        switch(v.getId()){
            case R.id.button:
                Intent i = new Intent(MediaStore.ACTION_VIDEO_CAPTURE);
                i.putExtra(android.provider.MediaStore.EXTRA_OUTPUT, uri1);
                startActivityForResult(i, mov);
                break;
            case R.id.button2:
```

```
                    v1.setVideoPath(uri1.toString());
                    v1.requestFocus();
                    v1.start();
                    break;
                case R.id.button3:
                    ut = new utask();
                    ut.execute(file.toString());
                    break;
                case R.id.button4: //DBMOVDOWN
                    etid = et1.getText().toString();
                    mode = "d";
                    etid2 = etid;
                    urls = url2;
                    at = new atask();
                    bt = new btask();
                    at.execute(etid, mode);
                    break;
                case R.id.button5: //MODIFY
                    mode = "m";
                    urls = url2;
                    at = new atask();
                    bt = new btask();
                    at.execute(etid2, mode);
            }
        }


    @Override
    public void onActivityResult(int request_code,
                                 int    result_code, Intent data)
    {
        if(request_code == mov && result_code == RESULT_OK) {
            onClick(findViewById(R.id.button2));
        }
    }
private class atask extends AsyncTask<String, String, String> {
    @Override
    protected String doInBackground(String... params) {
        sid = (String)params[0];
        mode = (String)params[1];
```

```java
        StringBuilder sb = new StringBuilder();
        try{
            msg1 = URLEncoder.encode("id", "UTF-8") + "=" +
                    URLEncoder.encode(sid, "UTF-8");
            msg1 += "&" + URLEncoder.encode("type", "UTF-8") + "=" +
                    URLEncoder.encode(mode, "UTF-8");
            url = new URL(urls);
            HttpURLConnection conn =
                    (HttpURLConnection)url.openConnection();
            conn.setDoOutput(true);
            sw = new OutputStreamWriter(conn.getOutputStream());
            sw.write(msg1);
            sw.flush();
            sw.close();
            BufferedReader br = new BufferedReader(new
                InputStreamReader(conn.getInputStream(), "UTF-8"));
            while(true){
                String ln = br.readLine();
                if(ln == null) break;
                sb.append(ln + "\n");
            }
            br.close();
            conn.disconnect();
        } catch(Exception ex){ ex.printStackTrace(); }
        return sb.toString();
    }

    protected void onPostExecute(String str){
        bt.execute(str);
    }
}

private class btask extends AsyncTask<String, String, String> {
    @Override
    protected String doInBackground(String... URI) {
        try{
            URI[0] = "http://xxx.xxx.xxx.xxx/phonefile/"
                    + URI[0].toString();
            url = new URL(URI[0]);
```

```java
            HttpURLConnection conn =
                    (HttpURLConnection) url.openConnection();
            InputStream is = conn.getInputStream();
            conn.disconnect();
        }catch(IOException e){
            e.printStackTrace();
        }
        return url.toString();
    }

    protected void onPostExecute(String str) {
        v1.setVideoPath(str);
        v1.requestFocus();
        v1.start();
    }
}

private class utask extends AsyncTask<String, String, String> {

    @Override
    protected String doInBackground(String... URI) {
        String imgPath = URI[0];
        DataOutputStream os = null;
        String border = "#";
        String two = "--";
        String nl = "\n";
        byte[] buf = null;
        int bufSz = 1024 * 1024, ret=0;
        File imgFile = new File(imgPath);
            if (imgFile.isFile()) {
            try {
                FileInputStream fis = new FileInputStream(imgFile);
                url = new URL(url1);
                HttpURLConnection conn =
                    (HttpURLConnection) url.openConnection();
                conn.setDoOutput(true);
                conn.setRequestProperty("Content-Type",
                    "multipart/form-data;boundary=" + border);
                os = new DataOutputStream(conn.getOutputStream());
```

```
            os.writeBytes(two + border + nl);
            os.writeBytes("Content-Disposition: form-data; " +
                "name=\"phone\";filename=\"" + imgPath + "\"" + nl);
            os.writeBytes(nl);
                do {
                if (buf == null) buf = new byte[bufSz];
                ret = fis.read(buf, 0, bufSz);
                    os.write(buf, 0, bufSz);
            } while (ret > 0);
            os.writeBytes(nl + two + border + two + nl);
            conn.getResponseCode();
            fis.close();
            os.close();
        } catch (Exception ex) { ex.printStackTrace(); }
    }
    return "=> Movie Uploading OK";
}


protected void onPostExecute(String str){
    Toast.makeText(getApplicationContext(),
            dir1 + "/" + fname, Toast.LENGTH_LONG).show();
}
}
}
```

〈그림 32〉와 같이 "AndroidManifest.xml" 파일을 열어 코드를 추가한다.

```
<uses-permission android:name=
    "android.permission.INTERNET"/>
<uses-permission android:name=
    "android.permission.ACCESS_NETWORK_STATE"/>
<uses-permission android:name=
    "android.permission.WRITE_EXTERNAL_STORAGE"/>

<!-- android:largeHeap="true" 메모리 부족 문제 -->
<application
    android:largeHeap="true"
```

〈그림 32〉

입력된 코드는 다음과 같다.

```
<uses-permission android:name=
    "android.permission.INTERNET"/>
<uses-permission android:name=
    "android.permission.ACCESS_NETWORK_STATE"/>
<uses-permission android:name=
    "android.permission.WRITE_EXTERNAL_STORAGE"/>
<!-- android:largeHeap="true" 메모리 부족 문제 -->
<application
    android:largeHeap="true"
```

〈그림 33〉과 같이 두 번째 "build.gradle"를 더블 클릭한 다음 수정된 내용으로 입력한다.

```
Gradle Scripts
 build.gradle (Pro      dependencies {
 build.gradle (Mo
 proguard-rules.pr          compile fileTree(dir: 'libs', include: ['*.jar'])
 gradle.properties      //compile 'com.android.support:appcompat-v7:24.0.0-alpha1'
 settings.gradle (P         compile 'com.android.support:appcompat-v7:23+'
 local.properties (S
                       }
```

〈그림 33〉

입력된 코드는 다음과 같다.

```
//compile 'com.android.support:appcompat-v7:24.0.0-alpha1' //주석처리
compile 'com.android.support:appcompat-v7:23+' //새로 추가
```

〈그림 34〉와 같이 실행 아이콘을 클릭하여 실행한다.

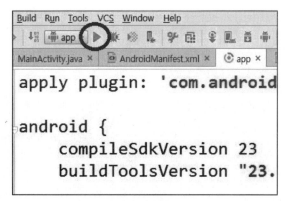

〈그림 34〉

〈그림 35〉와 같이 "실행하고자 하는 스마트 폰(자신의 스마트 폰)"을 선택하고 "OK" 버튼을 클릭한다.

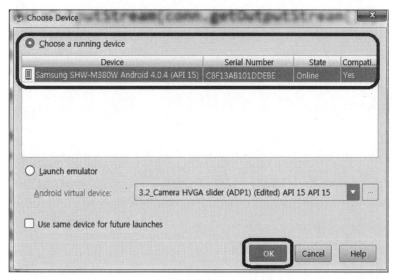

〈그림 35〉

〈그림 36〉과 같이 "TAKEMOVIE" 라는 버튼을 클릭한다.

〈그림 36〉

〈그림 37〉과 같이 "녹화하기" 버튼을 클릭하여 동영상 촬영을 시작한다.

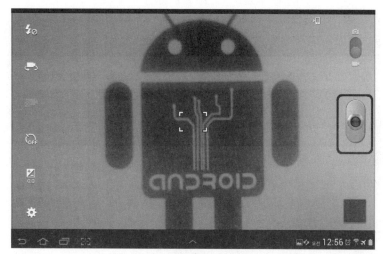

〈그림 37〉

〈그림 38〉과 같이 "녹화정지" 버튼을 클릭하여 동영상 촬영을 정지시킨다(이 그림은 Tablet에 해당하는 그림이고, Phone의 경우는 녹화정지 버튼이 사각형 의 새로운 버튼 형태로 나타난다).

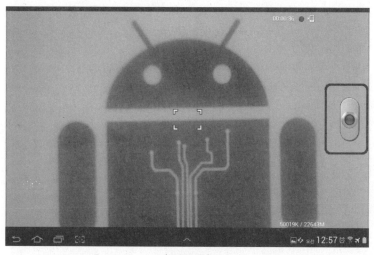

〈그림 38〉

〈그림 39〉와 같이 "저장" 버튼을 클릭하여 촬영한 동영상을 저장시킨다.

〈그림 39〉

〈그림 40〉과 같이 촬영된 동영상이 출력되면, "MOVIE UPLOAD" 버튼을 클릭한다. 장치에 따라 곧바로 동영상이 출력 안 되는 경우가 있으며, 그런 경우에는 "DISPLAY" 버튼을 클릭하면 된다.

〈그림 40〉

〈그림 41〉과 같이 동영상이 있는 장치의 경로가 출력되며 업로드 되는 것을 확인할 수 있다.

〈그림 41〉

〈그림 42〉는 "EditText"에 "B(b.mp4 동영상의 아이디에 해당)"를 입력한 다음, "DBMOV-DOWN" 버튼을 클릭하여 DB에 저장된 동영상 파일을 다운받으려는 것을 나타낸다.

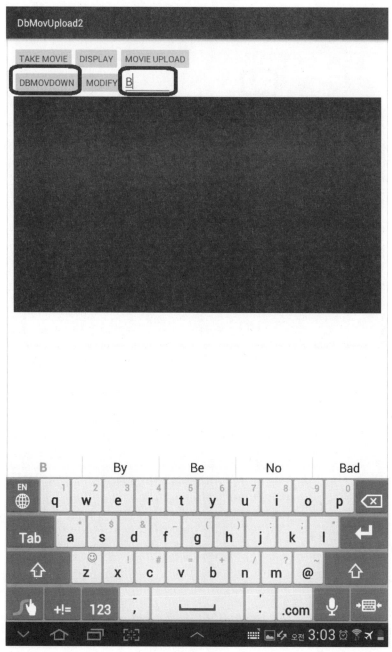

〈그림 42〉

〈그림 43〉은 "B(b.mp4 동영상의 아이디에 해당)"라는 DB에 저장된 동영상 파일을 다운
받아 재생되고 있는 것을 나타낸다.

〈그림 43〉

　〈그림 44〉는 "MODIFY" 버튼을 클릭하여 "B(b.mp4 동영상의 아이디에 해당)"라는 DB의
id에 해당하는 필드에 카메라의 동영상 촬영 응용을 통해 촬영된 동영상 파일로 수정하는
것을 나타낸다.

〈그림 44〉

〈그림 45〉는 "DISPLAY" 버튼을 클릭하여 촬영된 동영상 파일을 재생한 것을 나타낸다.

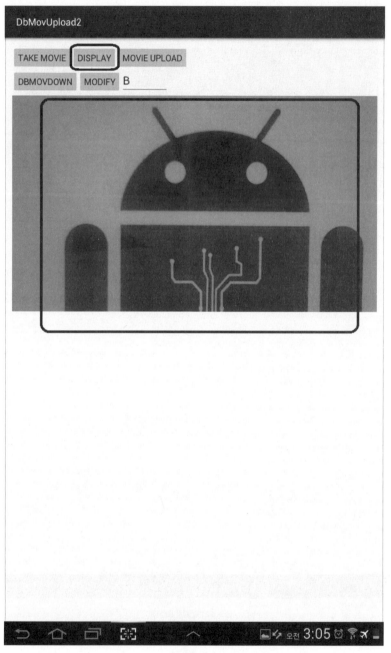

〈그림 45〉

〈그림 46〉은 촬영된 동영상 파일이 저장된 곳을 나타낸다.

〈그림 46〉

〈그림 47〉은 촬영된 동영상 파일이 업로드 된 서버의 위치를 나타낸다.

〈그림 47〉

〈그림 48〉은 DB에 저장된 파일을 나타낸다. 앞의 〈그림 44〉에서처럼 "MODIFY" 버튼을 클릭하면, 선택한 아이디에 해당되는 동영상 파일이 수정된다.

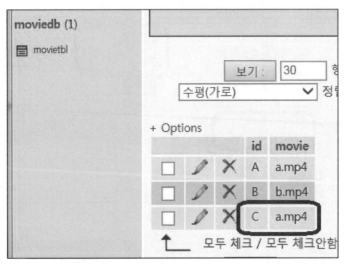

〈그림 48〉

이상으로 19장의 실습을 마친다.

저자 약력

이준형
현) 강동대학교 스마트폰과 교수

김운용
현) 강원도립대학교 컴퓨터인터넷과 교수

최명복
현) 강릉원주대학교 멀티미디어공학과 교수

졸업 작품 개발을 위한 안드로이드 실무 프로그래밍

1판 1쇄 인쇄　2016년 08월 20일
1판 1쇄 발행　2016년 08월 31일
저　　　자　이준형, 김운용, 최명복
발 행 인　이범만
발 행 처　**21세기사** (제406-00015호)
　　　　　경기도 파주시 산남로 72-16 (10882)
　　　　　Tel. 031-942-7861　　Fax. 031-942-7864
　　　　　E-mail : 21cbook@naver.com
　　　　　Home-page : www.21cbook.co.kr
　　　　　ISBN 978-89-8468-690-8

정가 30,000원